中国脱贫攻坚

广西壮族自治区五村案例

全国扶贫宣传教育中心　组织编写

中国文联出版社

图书在版编目（CIP）数据

中国脱贫攻坚·广西壮族自治区五村案例/全国扶
贫宣传教育中心组编. -- 北京：中国文联出版社, 2021.12
ISBN 978-7-5190-4778-8

Ⅰ.①中… Ⅱ.①全… Ⅲ.①扶贫-工作经验-案例
-广西 Ⅳ.① F126

中国版本图书馆 CIP 数据核字（2021）第 035656 号

编　　者　全国扶贫宣传教育中心组
责任编辑　张超琪　许可爽
特约审读　李荣华
责任校对　刘秋燕
装帧设计　乐　阅
出版发行　中国文联出版社有限公司
社　　址　北京市朝阳区农展馆南里 10 号　邮编 100125
电　　话　010-85923025（发行部）　010-85923091（总编室）
经　　销　全国新华书店等
印　　刷　廊坊佰利得印刷有限公司
开　　本　710 毫米 × 1000 毫米　　1/16
印　　张　7.25
字　　数　76 千字
版　　次　2021 年 12 月第 1 版第 1 次印刷
定　　价　58.00 元

前　言

中华民族长期以来遭受贫困困扰，摆脱贫困是中华民族几千年以来的梦想与期盼。新中国成立以来，全国人民在中国共产党的领导下，励精图治、奋发图强，持续与贫困作斗争。党的十八大以来，以习近平同志为核心的党中央着眼中华民族伟大复兴的战略全局和世界百年未有之大变局，把扶贫开发工作纳入"五位一体"总体布局和"四个全面"战略布局，作出一系列重大战略部署，全面打响脱贫攻坚战。至2020年年底，中国如期完成新时代脱贫攻坚目标任务，现行标准下9899万农村贫困人口全部脱贫，832个贫困县全部摘帽，12.8万个贫困村全部出列，区域性整体贫困得到解决，完成消除绝对贫困的艰巨任务。

行政村是脱贫攻坚战的基层实践场域，精准识别、精准施策、精准管理、精准退出的主要活动均发生在村一级。从这个意义上说，村级贫困治理实践是国家贫困治理体系和治理能力现代化的生动体现，全国12.8万个贫困村及众多有扶贫任务的非贫困村的贫困治理实践汇集成一股强大的洪流，进一步带动基层治理向纵深发展。因此，深入总结村级贫困治理的经验，便具有特殊重要的意义。

为了呈现各具特色的村级脱贫攻坚历程和卓有成效的基层贫困治理实践，本书聚焦于原国务院扶贫办挑选出的广西壮族自治区 5 个典型村庄，围绕这些村脱贫攻坚基期基本概况、脱贫攻坚投入、脱贫攻坚政策措施、脱贫攻坚成效、典型经验做法与启示等内容，采取定性分析和定量分析相结合的研究方法，对崇左市天等县道念村、百色市凌云县浩坤村、河池市天峨县五福村、来宾市武宣县和律村、南宁市上林县岜独村共 5 个行政村进行了研究。基于县村座谈会、农户访谈、问卷调查和文献整理等途径获取的资料，本书力图客观展现这些典型村庄脱贫攻坚的基层实践和重大成就，总结探讨脱贫成效背后的基本逻辑，并结合相关理论进行诠释和解读，形成可资参考借鉴的村级发展经验，希望这些脱贫攻坚村级典型案例在全面推进乡村振兴的新征程中能够发挥参考借鉴作用。

具体而言，本书由前述 5 个行政村的村级报告组成，各个村级报告的内容梗概如下：

崇左市天等县道念村地处石漠化连片地区，是典型的喀斯特岩溶大石山区，山多地少，耕地资源短缺，交通极不便利，贫困程度较深。为培育贫困群众内生动力，道念村把"宁愿苦干，不愿苦熬"的立屯精神作为独特优势和精神资源，传承艰苦奋斗基因，强化担当精神，切实办好新时代农民讲习所这一基层宣讲阵地，切实提升了全村群众脱贫致富的信心和能力。同时，借助外部帮扶力量，打造"扶贫车间"升级版，吸纳贫困人口就近就业；立足本地资源优势，引进龙头企业，因地制宜发展特色种养殖产业，增加农民收入。道念村充分发挥党组织引领作用，加大扶志扶智力度，积极动员各方面力量和资源，因地制宜发展特色产业，实现了村庄脱贫出列、村民增收致富的目标。

百色市凌云县浩坤村位于伶站瑶族乡境内，是桂西北典型的喀斯特大石山村，2015年贫困发生率高达52.04%，属极度贫困地区中的典型代表。脱贫攻坚以来，浩坤村基于生态优良、自然景观独特的资源禀赋，探索走出了一条深度贫困村通过党建引领助推旅游脱贫的新路子。在旅游扶贫中，浩坤村坚持以党建为引领，充分发挥基层党组织和党员带头作用，通过在扶贫一线将主体责任、党建力量、党建资源做到"三个下沉"，实现道路通达能力、住房保障质量、绿化美化水平的"三个提升"。精准施策，探索有效的旅游扶贫效益联结机制。通过库区补偿实现增收一批、合作入股实现增收一批、产业带动实现增收一批、景区收入分红实现增收一批、上岗就业实现增收一批、资源租赁实现增收一批，带动群众实现脱贫致富。

河池市天峨县五福村地处大石山区，耕地资源相对稀少，如何利用有限的耕地资源取得较好的农业产业效益也成为重大难题。五福村结合当地的产业现状和发展前景，因地制宜推出了"科技＋产业"的扶贫发展模式。该村优选发源于本地的特色优势水果品种珍珠李作为产业发展重点，以科技支撑示范，吸引农户投入种植，同时对农户进行种植技术和管护能力的培训，运用科技的手段降低生产风险，再通过引进电商、举办推介会、直播营销等现代化手段解决产品销售问题，解决农户的"后顾之忧"。五福村在扶贫产业发展过程中通过引入科技护航，引导群众提升科学种植、科学管理、科学销售能力，实现产业持续发展、群众增收致富。

来宾市武宣县和律村属于典型的喀斯特地貌村，全村以壮族人口为主。长期以来，和律村是一个集体经济"空壳村"，开展脱贫攻坚工作后，该村从强化村级党组织建设，通过以党员分类管理、评分定星为主要内容的基层党组织建设，不断强化党组织的创造力、凝聚力、战斗力，以此作为发展集体经济带动脱贫作为重要举措。在政府等外部力量支持下，和律村充分发挥党支部引领村社合作社发展集体经济的能力，以"合作社＋村集体＋党员＋贫困户"模式为组织纽带，带动贫困人口参与产业发展，提升了村庄发展能力，实现贫困人口增收脱贫。这一发展模式有力促进和律村实现了高质量脱贫，对于村里巩固拓展脱贫成果和全面推进乡村振兴也具有重要的意义。

南宁市上林县峁独村地处大石山区，石漠化问题较为严重，自然资源条件差，贫困人口发展能力弱，村庄发展水平低。脱贫攻坚期间，峁独村通过把党员发展成致富带头人，把致富能人中的优秀分子培养成党组织带头人，实现"两个带头人互促互转"，优化了党员队伍结构，增强了村庄治理能力，形成了村级基层组织能力建设的典型经验。同时，峁独村在上级支持下培育村庄致富带头人，通过致富带头人的"传、帮、带"带动贫困户学习掌握种养技术，激发贫困户脱贫内生动力，形成了致富带头人带动贫困村发展的典型经验。凭借第一书记、对口帮扶单位等外部力量的支持，峁独村不断完善基础设施，发展了适合村庄资源条件的特色产业，为实现乡村振兴奠定了坚实基础。

这 5 个村的生动实践仅仅是广西壮族自治区全面打赢脱贫攻坚战的一个缩影，相信这些村在脱贫攻坚期探索出来的贫困治理和村级发展经验，既能为巩固拓展脱贫攻坚成果、实现乡村振兴提供借鉴，也能为全国其他类似村庄的发展提供一定的参考依据。

目 录

第一章　道念村："宁愿苦干，不愿苦熬"　/ 1

一、脱贫攻坚战期间村庄概况　/ 2

二、脱贫攻坚投入与举措　/ 5

三、脱贫攻坚成效　/ 10

四、脱贫攻坚典型经验　/ 13

五、小结与讨论　/ 18

第二章　浩坤村：党建引领，旅游助推　/ 23

一、脱贫攻坚战期间村庄概况　/ 24

二、脱贫攻坚投入与举措　/ 27

三、脱贫攻坚成效　/ 32

四、脱贫攻坚典型经验　/ 35

五、小结和讨论　/ 41

第三章　五福村：产业发力，科技护航　/ 45

一、脱贫攻坚战期间村庄概况　/ 46

二、脱贫攻坚资金投入与举措　/ 49

三、脱贫攻坚成效　/ 55

四、脱贫攻坚典型经验　/ 57

五、结论与政策建议　/ 62

第四章　和律村：党建引领集体经济发展带动脱贫　/ 65

一、脱贫攻坚战基期村庄概况　/ 66

二、脱贫攻坚资金投入与举措 / 69

三、脱贫攻坚成效 / 72

四、脱贫攻坚的主要经验 / 77

五、结论与思考 / 80

第五章 岜独村：培育致富带头人，聚集村庄发展内生动力 / 85

一、脱贫攻坚战基期村庄概况 / 86

二、脱贫攻坚投入与举措 / 89

三、脱贫攻坚主要成效 / 92

四、脱贫攻坚的主要经验 / 97

五、结论与思考 / 99

后 记 / 103

第一章

道念村：

"宁愿苦干，不愿苦熬"

道念村隶属于广西天等县驮堪乡，辖 8 个自然屯。该村是广西国定贫困村，2017 年脱贫摘帽，2018 年未脱贫人口 41 户 110 人。2019 年 10 月，华中师范大学课题组来到道念村，对该村进行了为期三天的调研。调查内容主要包括：听取村两委成员、第一书记等介绍村庄经济社会发展情况，对脱贫攻坚的投入、采取措施，以及成效和存在的困难。走访道念村相关农户，了解贫困人口生计状况；收集村庄基本情况、脱贫攻坚政策、基层管理等方面的资料。

一、脱贫攻坚战期间村庄概况

（一）人口与资源

道念村 2015 年总人口 1215 户 4916 人，常住人口 812 户 3260 人，民族以壮族为主。劳动力人数 2620 人，其中外出务工时间超过半年以上的有 1500 人，长期外出务工比例达 57.25%。2015 年年底经过精准识别，有建档立卡贫困人口 254 户 966 人，贫困发生率 19.65%。低保人口 83 户 232 人。

该村位于天等县东北部，距县城 11 公里，距驮堪乡政府所在地 13 公里，天等至隆安二级路从村部附近通过。全村总面积 18.5 平方公里，地处石漠化连片地区，主要以石山居多，人居环境较为恶劣，8 个自然屯中有 4 个自然屯共打通了 5 条隧道才有出山道路。全村耕地面积 5923 亩，林地面积 19125.97 亩，人均耕地面积不足 1.3 亩，人均林地面积 3.89 亩，村庄林地资源相对丰富。

（二）基础设施

在道路交通方面，道念村 8 个自然屯都已经通达水泥硬化路，路基宽度不小于 4.5 米，路面宽度不小于 3.5 米，且该村在脱贫攻坚之前已通客运班车。在电力设施方面，2015 年 8 个自然屯通生活用电和生产用电，即道念村全部自然屯通生产和生活用电。在通信基础设施方面，每个屯都通电话、有线电视信号和宽带网络。在饮水基础设施方面，全村 1215 户农民均已通过自来水等方式解决饮水问题。万屯的取水点更换问题，大屯的饮水管道维修等问题正在建设中。在家庭卫生条件方面，所有自然屯均实现卫生厕所全覆盖。在村级卫生设施方面，道念村卫生室数量为 1 个，全科医生 1 人。在教育方面，有 1 个幼儿园，无义务教育阶段儿童辍学。在村级公共服务方面，2015 年村庄有文化活动室，有村卫生室和全科医生，村庄没有红白理事会。村庄党员人数为 95 人。

（三）生计渠道

村民在生计上主要依靠种养与外出务工。在种植业上，主要种植玉米、黄豆、甘蔗、指天椒等，产量低、收入少，基本只能满足家庭消费，而不进入市场销售。由于耕地面积少，贫瘠而缺水，道念村历史上就是有名的"缺粮村"，耕地分散且坡度大，连片开发难度高。所以农业发展主要靠村民各家各户分散种植，没有形成连片规模化。在养殖业上，村民主要养殖土黄牛、肉猪、鸡鸭等，养殖业规模小，黄牛多数作为耕牛饲养，没有商业化、规模化，没有形成养殖小区，普遍存在人畜混居现象。种养技术原始，管理方式粗放，抵御风险能力差。2015年道念村没有农民专业合作社，外出务工是村民种养收入之外的最重要经济来源。村民以中远距离务工为主，多以广东为目的地，长期外出务工人数占务工总人数的57.25%。可见，中远距离长期务工是多数村民的生计来源。

（四）收入与贫困状况

自然条件限制（石漠化严重，耕地面积少）和生产条件落后导致道念村粮食作物和经济作物产量低，收入少；再加上养殖规模小且分散，管理方式粗放，因此生产性收入偏低。全村青壮年劳动力均已外出打工，因此家庭收入来源以外出务工为主，工资性收入占农民家庭收入的比例最大。2015年道念村贫困户人均可支配收入3390元，其中：生产经营性净收入为959元，占比28.29%；工资性收入为1981元，占比58.44%；转移性收入为450元，占比13.27%；无财产性收入。

在致贫原因方面，"因缺技术致贫"的有125户470人，占比48.65%；"因学致贫"的有42户176人，占比18.22%；"因残致贫"的有35户134人，占比13.87%；"因病致贫"的有30户114人，占比11.80%；"因缺劳力致贫"的有15户44人，占比4.56%；其他原因的有7户28人，占比2.90%。由此可见，缺技术和因学致贫是道念村农民最普遍的致贫原因。经过调研发现，由于道念村贫困农民文化素质低，缺少发展产业或就业的基本技能，导致家庭无法获得稳定收入。另外，部分贫困农民家庭成员的教育支出明显超出家庭负担能力，导致家庭生活贫困。

二、脱贫攻坚投入与举措

（一）脱贫攻坚投入情况

1. 资金投入

资金来源主要包括财政扶贫资金、整合涉农资金、社会资金、信贷资金。资金投向集中在产业扶贫、就业扶贫、健康扶贫、危房改造、教育扶贫、生态保护、保障扶贫、基础设施等方面。

产业扶贫：产业扶贫资金主要包括苗木补助、产业奖补和小额信贷。其中，产业奖补投入 55.1884 万元，受益人口为 160 人，受益人年均增收 3000 元；小额信贷投入 2.8 万元，受益人口为 7 人，受益人年均增收 4000 元。

健康扶贫：健康扶贫资金主要包括新农合补贴、医保报销、大病救助和意外保险补贴。其中，新农合补贴投入 17.4 万元，受益人口为 966 人；医保报销投入 19.6391 万元，受益人口为 23 人；大病救助投入 1.38261 万元，受益人口为 1 人；意外保险补贴投入 2 万元，受益人口为 966 人。

教育扶贫：教育扶贫资金主要包括"雨露计划"投入、学前教育投入和义务教育困难寄宿生生活补助，其中"雨露计划"投入 14.6 万元，受益人口为 44 人；学前教育投入 0.475 万元，受益人口为 13 人；义务教育困难寄宿生生活补助投入 15.4775 万元，受益人口为 151 人。

生态保护：生态保护资金主要包括公益林补贴和护林员公益岗位开发投入，其中公益林补贴 28.1872 万元，受益人口为 4807 人；护林员公益岗位开发投入 7 万元，受益人口为 7 人。

保障扶贫：保障扶贫资金主要包括低保兜底投入、困难残疾人补贴和重度残疾人护理补贴。其中，低保兜底投入48.564万元，受益人口为213人；困难残疾人补贴0.48万元，受益人口为8人；重度残疾人护理补贴为1.5万元，受益人口为25人。

基础设施：2015年以来，道念村共投入约2700万元建设了38个（类）项目：2016年道念村公共服务中心（果屯）32万元，2017年果屯排污与硬化路工程49.47万元，2018年果屯至道念村叉路硬化工程29.37万元，2018年果屯扶贫车间360平方米36.5万元，新合屯风貌环境改造150万元，万青种养殖示范小区道路及标准化牛棚建设60万元，立屯扶贫车间及配电工程38.5万元，立屯风貌改造及排水排污工程150万元，大屯道屯二条隧道拓宽工程245万元，等等。

2. 物力与人力投入

脱贫攻坚是一项庞大的系统工程，需要充分利用、撬动社会各方面的人力物力，道念村通过多管齐下，凝聚人力、物力。一是发挥种养能人的示范带头作用，成立农民专业合作社，实现抱团发展。全村共成立农民专业合作社4个，涉及种植、养殖、农机等行业。全村涌现出了梁华精、梁仁山、梁荣志、赵荣国、农维文等一批创业致富带头人。二是充分利用返乡创业大潮，鼓励在外创业道念籍人士返乡创业，创办了道念村立屯威印电子厂扶贫车间、果屯扶贫车间等，实现贫困户在家门口就业。三是与农业科研部门合作，成立了道念村玉米制种研究所，发展玉米制种产业。同时，道念村得到了帮扶单位县住建局、后援单位市建设银行和天等县委办的鼎力支持。脱贫攻坚期，县住建局派出的第一书记韦军和天等县委办派出的第一书记农远招，都是第一书记队伍中的佼佼者。市建设银行、县住建局和乡政府都派驻了得力的驻村工作队员。

（二）脱贫攻坚主要措施

脱贫攻坚战打响以来，作为国定贫困村，道念村的脱贫措施主要有：

1. 完善基础设施，解决民生关切

经过"十二五"期间的大力发展，道念村的基础设施建设取得了可喜成绩。近几年，道念村充分利用脱贫攻坚期的利好政策，集中推进了一批基础设施工程。道屯隧道、大屯1号隧道、大屯2号隧道都是宽约3米高约4米的小隧道，车辆难于在隧道中会车通行。于是，道念村积极争取上级资金24461万元，对这三个隧道进行拓宽加高、批荡加固，极大地缓解了群众出行难的老问题。万屯地处低洼地带，排水一直存在问题，屯内卫生情况不容乐观。道念村就利用领导挂点扶持资金和奖励资金22万元，修建670米长的排污管网，使排水问题得到了解决，从而增强了群众的获得感。此外，道念村利用8万元专项资金，对村卫生室进行了装修，以改善人民群众在村内的就医环境。另外还投资120万元，给万屯另选一处取水点，挖井饮水，对原水管、蓄水池进行了整改，解决了万屯200户群众日常供水不足的难题。为让村民住好，道念村积极争取上级危改资金，给31户无稳固住房家庭落实了危房改造，全村实现了100%有稳固住房。这些工程的完工，极大地改善了道念村的交通、饮水和住房条件，夯实了民生基础。

2. 选准发展产业，拓宽增收渠道

产业发展，无论在脱贫攻坚期还是乡村振兴阶段，都是经济社会发展的重中之重。2016年7月，道念村引进南宁环球国旅和

广西若田农业开发有限公司打造天梦水果产业示范区，种植台湾高端水果，实现经济效益最大化，从而多方面促进贫困户增收。流转土地435亩，每亩租金600元/年，涉及农户125户546人。有58户贫困户利用扶贫小额信贷资金入股公司，年获利入股资金的8%的分红，已经连续分红三年。道念村利用财政扶持集体经济发展资金200万元入股公司，年获利入股资金的5%的分红，实现村集体经济从无到有的重大突破。

有了天梦水果之后，道念村又全力支持有想法有干劲的贫困户梁华精，联合道念村万屯的积极分子，成立了万青公司，流转土地65亩，种上了红心蜜柚、百香果等珍优水果。养殖业方面，道念村积极联系引进有返乡创业愿望的企业家张其武、养牛能人梁仁山、梁华精，研究成立了天牛种养殖专业合作社、万青种养殖专业合作社，建设养殖小区，采取"合作社＋基地＋贫困户"的方式，饲养良种黄牛西门塔尔和安格斯。不但带动周边群众按现代化模式饲养肉牛，带动周边村屯种植牧草和饲料玉米，推动"粮改饲"迈出了关键一步，拉长了养牛产业链。利用基地优势，不定期组织养殖户举办养牛技术培训班，改变粗放的养殖方式，强化科学养殖、集中规模养殖的方式。

加工产业方面，利用粤桂扶持资金30万元，引进道念村创业能人梁荣志，道念村于2018年9月成立了立屯扶贫车间（威印电子厂）。通过发展贫困村"3+1"特色产业，推动全村贫困户自主开展特色种养，并对发展种养的贫户实施"以奖代补"政策，引导激励贫困户自主发展扶贫产业，激发贫困户的内生动力，增强获得感。

3. 改变村容村貌，美化生态环境

道念村8个自然屯，屯内环境卫生一直是老大难问题。2015

年以来，道念村着眼于长远机制，落实于长效机制，通过收缴保洁费，选聘保洁员，开展陈年垃圾综合整治，实施"三清三拆"工程。在全村范围内进行环境大整治，从而美化环境，提升乡村风貌，实现所有村屯干净、有序、整洁的目标。目前全村8个屯已全部开展"三清三拆"工作，并取得了较好的成效。立屯和新合屯还作为县、市"美丽乡村"屯级示范点，受到了上级的表扬。

4. 推进公共服务，提高群众获得感

通过实施全民医疗保障政策，全村农户均已参加城乡医疗保险或在务工单位参加相应的医疗保险。村内建设有标准化村级卫生室，让农户不需出村就可以实现常规病症的治疗。同时，村里推行贫困户家庭医生签约服务，让贫困户足不出户便可以享受到医疗服务。此外，将贫困户大病住院报销比例提高到90%，减少因病致贫、因病返贫情况的发生。针对29种门诊特殊慢性病办理慢性病卡，实现门诊治疗报销比例达到80%，解决慢性病人的后顾之忧。

5. 加大扶志力度，增强群众内生动力

通过采取"流动式小课堂"的方式，开展新时代讲习所、脱贫故事会、"三方见面会"等活动，并利用群众会、街圩天、红白喜事等场合，开展政策宣传、经验介绍、讨论交流、知识竞答等活动，或在田间地头、劳动一线组织开展实地参观、现场指导、实际操作，手把手教给群众技术，让农户充分认识到脱贫致富不仅是干部们的事也是老百姓的事，脱贫致富不只是依靠外出务工，在家学技术也能脱贫致富，使困难群众从"要我脱贫"变为"我要脱贫"，增进干群联系，激发群众内生动力，助推脱贫攻坚。

三、脱贫攻坚成效

（一）农民收入持续增加，贫困人口显著减少

经过三年多的脱贫攻坚战，道念村农民人均收入大幅提高，贫困人口规模持续减少。2015 年道念村建档立卡贫困人口人均纯收入从 2015 年的 3390 元，增长到 2018 年的 4484 元，增加 32.27%，年均增长 10.76%。2018 年年底，道念村贫困人口减少至 41 户 110 人。

从贫困户收入结构变化来看，2015 年年底道念村贫困农户生产经营性净收入 959 元、占比 28.29%，工资性收入 1981 元、占比 58.44%，转移性收入 450 元、占比 13.27%，无财产性收入。2018 年生产经营性净收入增加至 1146 元、占比 25.56%，工资性收入增加至 2493 元、占比 55.60%，转移性收入增加至 785 元、占比 17.51%，财产性收入为 60 元、占比 1.34%。可见，2015 年和 2018 年工资性收入是贫困农户最主要的收入来源。但从纵向比较来看，经过脱贫攻坚行动，转移性收入增加了 4.24 个百分点，财产性收入增加了 1.34 个百分点，而生产经营性净收入占比下降了 2.73 个百分点，工资性收入下降了 2.84 个百分点。转移性收入增长幅度最大。生产经营性净收入和工资性收入尽管也实现了较大幅度的增加，但由于增长幅度小于其他类收入，二者所占家庭人均收入的比重反而显著下降。从自身比较来看更为明显，2018 年生产经营性净收入比 2015 年增加了 187 元、增长了 19.50%，工资性收入增加了 512 元、增长了 25.85%，转移性收入增加了 335 元、增长了 74.45%，财产性收入实现了从无到有的重大突破。

总体来看，经过脱贫攻坚行动，道念村贫困人口收入持续增加，促进了贫困人口不断减少，而生产经营性净收入、工资性收入、财产性收入和转移性收入持续稳定增加，促进了贫困人口收入结构的均衡化。

（二）村容村貌、基础设施、公共服务得到有效改善

经过三年多的脱贫攻坚，道念村的村容村貌焕然一新，基础设施不断完善，公共服务不断提升。通过落实"美丽广西清洁乡村"，开展"三清三拆"等活动，全村8个自然屯均配备了保洁员，落实了保洁费，建立了长效机制。屯内道路得到硬化，村屯周边得到绿化，村屯小池塘得到净化，乡村生活环境得到整体提升，实现了干净、整洁、有序的目标。目前，8个自然屯的通屯道路及屯内巷道均实现了硬化。除了果岭屯的文化活动室正在做前期工作以外，其他7个屯均已建设有屯级文化活动室。所有自然屯都已经建有球场，配备了路灯，方便了群众出行，为村民丰富多彩的节日文化活动提供了平台。立屯创建成为崇左市星级示范村，新合屯被列为崇左市一百个示范村之一。

（三）村民就业和收入、村集体经济收入情况得到好转

道念村外出务工人员虽然没有减少，但是正在进行从主要从事体力方面的工作向从事技术方面的工作的转变，工资水平也从2000多元提高到了5000多元，工资水平翻了一番。立屯扶贫车间（威印电子厂）带动就业人数达30多人，其中贫困户劳动力12人，有效推动了贫困户脱贫致富，群众的幸福感、满意度明显提升。通过引进企业打造产业示范区，成立公司发展珍优水果产

业和成立养殖专业合作社、建设养殖小区，道念村多管齐下拓宽贫困户增收渠道，多方面促进贫困户增收脱贫。2015 年，道念村集体经济收入为 0 元，为了实现破"0"的目标，道念村利用财政扶持资金入股获利分红，实现了村集体经济从无到有的重大突破。2019 年，道念村通过将政府购买的青贮收割机出租给天牛合作社收取租金、入股天梦水果和东泥天等水泥厂获得分红等方式，使村集体经济收入得到稳步提升，达到了 13.3 万元以上。

（四）村生产经营方式得到良好的转变

道念村从自种自养小规模发展的方式，转变成了"企业+贫困户""能人+贫困户""合作社+贫困户"三种种养殖模式，发展了多主体带动贫困户脱贫增收的方式，起到了良好的示范效果。道念村通过支持专业合作社、农业企业等经济主体发展壮大，引导二者在产业扶贫中发挥优势，对经济发展起到了很好的推动作用。通过企业引领产业发展，增强了农户发展产业的风险抵抗能力，强化了技术支持的"双保险"，从而促使农户扩大种养规模，增加收入。

（五）乡风建设与脱贫内生动力得到不断加强

通过制定适合可行的村规民约，并加强宣传教育，道念村的乡风建设得到了有效加强，操办红白喜事不再盲目攀比了，邻里间骂架吵架也不见了。道念村以教育基地为抓手，发扬"宁愿苦干，不愿苦熬"的精神，进一步树立"戴穷帽可耻、摘穷帽光荣"的观念，使群众从原来"等靠要"的不良习气中走了出来，变成了"我要干，我要创"，"等靠要"的思想少了，自我发展的动力足了，主动脱贫的劲头大了，爱家爱村的意识强了。在"以奖代补"

利好政策的引领之下，群众干劲十足地发展种植、养殖，进行创业、务工，很多农户在种植业、养殖业上大胆突破，扩大种植养殖数量和范围，在促进贫困户主动脱贫方面取得了良好的成效。

（六）基层组织建设得到不断增强

道念村党组织注重加强自身建设，按时开展"三会一课"、主题党日活动，充分发挥了党支部的战斗堡垒作用及党员的先锋模范作用，从而为打赢道念村脱贫攻坚战提供了坚强的组织保证。通过村两委成员及村屯干部的换届选举工作，把对党忠诚、能干事、干成事、愿意服务群众的同志选进村屯领导岗位，配齐配强村两委成员，从而解决了村屯办事缺人、战斗力不强等问题，持续激发了村屯干部干事创业的热情，实现了"做给群众看，带着群众干"的良好局面。村屯干部带头遵守村规民约，履行岗位职责，村纪民风得到了大幅度改善，村民的精神面貌得到了极大提升。

四、脱贫攻坚典型经验

道念村是广西国定贫困村，2017年出列。村庄位于天等县东北部，林地资源相对丰富，但由于全村位于石漠化连片地区，是典型的喀斯特岩溶大石山区，山多地少，因此耕地资源短缺，且交通极不便利，村民发展生产、改善生活的意愿受到了极大的限制。养殖肉牛是道念村的传统习俗，但由于养殖规模小而分散，养殖技术原始、管理方式粗放等原因，肉牛的养殖并没有给村民收入带来巨大变化，更没有形成示范带动作用。于是外出务工成为道念村青壮年劳动力的第一选择，留守农村的老妇幼人口收入低下，贫困程度较深。在这种情况下，为了带领道念村人民脱贫致富，道念村发挥党组织的引领作用，因地制宜发展产业和扶志扶智，积极动员各方面力量，整合资源，大力推进脱贫攻坚，形成以下几点脱贫攻坚工作经验。

（一）培育内生动力——弘扬立屯精神，办好新时代讲习所

习近平总书记指出，"新时代的农民讲习所是一个创新，党的根基在基层，一定要抓好基层党建，在农村始终坚持党的领导。"崇左市天等县驮堪乡立屯从自身实际出发，把"宁愿苦干，不愿苦熬"的立屯精神作为独特优势和精神资源，传承艰苦奋斗基因，强化担当精神，切实做好新时代基层宣讲阵地。

1. 整合资源，内选外聘优选讲习员

讲习所的成效如何，关键在于讲习员。驮堪乡从乡村教师、农技人员、农村专业合作社负责人、致富能手、乡土人才、农民讲师中择优选聘专职讲习员，由各领域相关专家、业务骨干组成兼职讲习员，机关干部、企业负责人、退休老干部、退伍军人、先进模范人物、文化和传统工艺传承人等作为辅助讲习员。此外，专门邀请各领域资深专家组成脱贫攻坚专题讲习班，重点围绕脱贫攻坚产业政策、产业脱贫、易地搬迁扶贫、农村危房改造、医疗扶贫、教育扶贫等方面，对相关政策及业务进行专门培训，通过内选外聘办法，建立起了专兼结合、内外互补的讲习员队伍。农技讲习员在果园里给群众教授种植技术，现场教学，现场指导，讲习成效好，得到了群众的肯定。通过参加讲习所的讲习活动，立屯留守老人和留守妇女的脱贫信心大大增加。他们充分认识到脱贫致富不仅是干部们的事，也是老百姓的事。脱贫致富不只是依靠外出务工，在家学技术也能脱贫致富。

2. "大课堂"与"小课堂"相结合，讲习成效好

按照"集中式大课堂"与"流动式小课堂"相结合的原则，每月定期在村屯级办公场所集中开展"集中式大课堂宣讲"，激发干部群众脱贫攻坚激情，激发内生动力。从方便群众受教育的角度出发，以扶贫车间、产业示范园为重点，与"大榕树课堂"有机结合，通过"流动式小课堂"的方式，利用群众会、街圩天、红白喜事等场合，开展政策宣传、经验介绍、讨论交流、知识竞答等活动，或在田间地头、劳动一线，开展实地参观、现场指导、实际操作，手把手教群众技术。

3. 以群众为中心，因需施教精准培训

驮堪乡道念村采取"群众点单、讲习员配菜"的方式，按照"缺什么补什么"的原则，因需施教精准培训。一是讲思想，向群众讲清楚党的十九大提出的重要思想——习近平新时代中国特色社会主义思想，使广大党员干部群众坚定理想信念。二是讲政策，向贫困群众讲清楚产业帮扶、教育医疗、社会保障兜底等方面的脱贫政策，引导群众知晓政策，用好政策。三是讲思路，向贫困群众讲清楚"直接发钱不是扶贫、发展产业才是根本"的道理，帮助他们算好"经济账""亲情账"，鼓励贫困群众自力更生，发展产业，脱贫致富。四是讲方法，向贫困群众讲述脱贫攻坚方式方法，特别是讲清农村产业发展实用技术，才能拔掉"穷根"，鼓励贫困家庭通过扶持子女读书来改变贫困命运，从而阻断贫困代际传递。

4. 精神引领，始终贯穿扶贫工作

充分发挥党组织在脱贫攻坚中的战斗堡垒作用，着力破解脱贫攻坚工作中的难题。在天梦水果土地流转、扶贫车间招商引资、

天牛配电工程施工、天梦景区地上附着物的赔偿谈判等项目中，道念村都秉承"世上无难事，只要肯攀登"的拼搏精神，积极探索解决问题的办法，充分发挥基层党员引领作用，以致富带头人、种养能手党员为领头羊，从助推群众致富、打造民心工程、壮大集体经济三方面寻找突破口，带动群众发展种养、加工产业，力取脱贫攻坚实效。

（二）外部帮扶——"扶贫车间"建村头，增收顾家两不误

党的十九大首次提出"实施乡村振兴战略"，为天等县"扶贫车间"发展带来了良好契机。大力推进行业覆盖精准化、车间布局精细化、发展模式精密化、技能培训精致化、岗位定制精确化、扶贫措施精深化，致力于打造"扶贫车间"升级版、构建脱贫攻坚新格局，助力乡村振兴、加快圆梦小康。

1. 把"小车间"聚集成"大产业"

结合各乡镇各村屯特色，做好"扶贫车间"规划布局，大力扶持创办"扶贫车间"。加大基础设施建设力度，强化管理服务，鼓励"扶贫车间"扩大规模、提高效益，成为新的经济增长点。

2. 把"小岗位"厚积成"大课堂"

整合各单位培训资源，围绕"扶贫车间"技能培训需求，实行免费培训项目清单制度，并给予相应的补贴，推行"短、平、快"职业技能培训，提升务工人员的素质能力，为企业发展、乡村振兴提供人才支撑。

3. 把"小作坊"拓展成"大平台"

健全"扶贫车间"管理机制，打造车间管理平台，结合返乡

农民工创业园建设，鼓励外出务工人员返乡创业，促使"扶贫车间"成为促进一二三产业融合发展和就业创业的大平台。

4. 把"小加工"质变成"大规模"

发挥劳动力资源优势，承接东部产业转移，重点选择前景好、基础好、效益高的企业进行重点扶持，培育一批新的规模以上企业，促进产业转型升级，推动形成全县脱贫攻坚的大格局。

（三）发展特色产业——立足资源，因地制宜发展产业

1. 做大肉牛养殖，带动村民养牛致富

根据道念村群众养殖肉牛的传统，结合养牛业的市场前景，着眼于拉长养牛产业链，积极联系养殖能人成立天牛种养殖专业合作社，做大做强道念村养牛产业。政府投资 100 万元，建设天等县天牛种养殖专业合作社产业扶贫基地养牛大棚设施，项目资金量化折股作为贫困户的入股本金入股合作社，合作社按照项目投入资金的 8% 连续四年分红给贫困户，每户每年 1739 元（预计 46 户贫困户）。四年分红到期后，养殖大棚作为村集体资产出租给合作社，每个棚每年租金 5000 元，共租 6 年，所得租金收入作为村集体经济收入。

合作社大量收购贫困户的甘蔗尾、青玉米秆，以每吨甘蔗尾 220 元，每吨青玉米秆 290 元的价格向全乡农户大量收购，用于制作青饲料。此项可使农户每亩甘蔗增收 800 多元，每亩玉米增收 3000 元以上。目前，已有 146 户农户与合作社签订长期种植饲料玉米订单收购合同。合作社聘用了 6 名贫困群众到合作社长期稳定性务工，每人每月工资 2500 元以上。临时性、季节性务工近 20 人，每人务工一天可获 100 元以上的报酬。

新建道念饲料加工基地，饲料玉米亩产值可达 3400 元左右，初步形成"养牛 + 饲料玉米加工 + 粪便利用"的全生态产业链。把养牛业作为脱贫的重点产业来抓，大力推动肉牛养殖业良种化、规模化、生态化、产业化、多样化，取得了显著的成效。

2. 积极引进企业，挖掘特色资源

产业的发展，有的模式是不可复制的，不应照抄照搬，盲目跟风。根据立屯艰苦奋斗教育基地的独特性和唯一性，结合乡村旅游业的发展前景，积极引进南宁环球国旅和广西若田农业开发有限公司，联合创建以挖掘特色农业资源引进种植优质水果品种，以规模化种植、组织化经营，结合民俗文化和自然景观，推动建设集珍优水果产业、文化旅游产业、休闲娱乐于一体的农旅体验中心。

五、小结与讨论

（一）小结

1997 年，《人民日报》先后两次头版头条刊登道念村立屯不等不靠自力更生开凿隧道的感人事迹，让天等县道念村闻名全国，家喻户晓。

驮堪乡道念村在人居环境恶劣，生产条件差，生计渠道单一，贫困人口多的情况下，充分发挥"宁愿苦干，不愿苦熬"的精神，通过持续加大资金、人力、物力投入，完善基础设施，解决民生关切，立足当地资源优势，选准发展产业，改变村容村貌，美化生态环境等途径，使得道念村农民收入持续增加。贫困人口显著减少，村容村貌、基础设施、公共服务得到有效改善，村民就业

和收入、村集体收入情况得到好转，村生产经营方式得到良好的转变，乡风建设与脱贫内生动力得到不断加强，基层组织建设得到不断强化。从而，实现了道念村脱贫摘帽，农户增收。脱贫攻坚取得决定性胜利。

（二）后脱贫攻坚时代道念村面临的困难与挑战

在后脱贫攻坚时代，道念村发展中面临的困难或挑战主要有以下几个方面：

1. 产业量小面窄，辐射带动能力有限

不论现阶段所处的脱贫攻坚期，还是随后的乡村振兴期，产业发展都是优先方向。但是农村产业大多数停留在自给自足阶段，特别是像道念村这样的边远山区贫困村，产业起点低、规模小；由于地理条件的限制，也难于形成大的规模。农业依然是种植玉米、黄豆、甘蔗等低产值的农作物，养殖业还有很多都是农户自养散养本地黄牛、肉猪。道念村2017年之前没有一个规模化的种植、养殖示范小区。现在已经落成的示范小区中，辐射带动能力还非常有限，"天牛""万青"吸纳农户入股46户，辐射带动范围仅在农户种植牧草，"天梦水果"道念村仅有5户入股，其他农民就依靠在果园务工获得直接收入，立屯扶贫车间仅仅带动20多户等。由此不难看出，道念村的产业投入很大，但辐射带动效果依旧有限。

2. 村规民约尚未形成长效约束机制

治理有效，是乡村振兴战略的重要内容。但道念村屯的自治管理，还没有跟上现代化的节奏。温饱刚刚解决，诸多群众刚住

上安全住房，对于更高层次的自治管理，他们兴趣不够、参与度也不高。协调能力强、有工作能力的年轻人都不在家，村民小组组长，大部分由在家的中老年人担任，因此很多工作推进艰难。村规民约的讨论制定，多是政府、工作队帮忙制定，村民讨论容易流于形式，村规民约大同小异，缺乏针对性。村民小组长的选举，极易演变成家族势力的竞争，离科学、有效自治还有相当大的差距。

3. 群众的思想观念没有根本性转变

对于发展新产业，很多人持观望怀疑的态度；对于流转土地给企业，村民宁愿死守着自己的一亩三分地；对于推进机耕路建设，却舍不得占用自己的田地；对于建立村民管理新模式，参与度也不高，别人做的只顾怀疑，自己做的推脱回避，家族势力意识或多或少影响民主评议等等。这些旧思想旧观念的存在，影响了脱贫攻坚各项工作的开展，使得道念村开展工作需付出更多的精力。这些思想观念的存在，也势必影响乡村振兴战略各项工作的开展。

（三）对策建议

基于上述的困难或挑战，提出如下对策建议：

1. 产业必须发展，发展产业要因地制宜，量力而行

道念村很多群众的思想依然没有解放，主要还是自产自销种植作物，散养混养土黄牛、肉猪，所以更需多引导能人发展示范区，多引进龙头企业发展示范区，联合种养殖发展合作社。但是，市场发展终究还是由市场来管，要遵循市场规律，不能盲目扩大，盲目跟风，要根据村内实际情况来发展产业，因地制宜。政府不能包办代办，也不能越俎代庖，否则只会口号很大，产出很小，真正实效不高，也会造成资源浪费。

2. 积极发挥村民治理机制和组织作用，扩大群众参与

通过建立村务监督委员会、村民议事会，形成民事民办、民事民管的多层次协商格局，真正实现"农民集体的事情集体议，自己的事情自己干"的生动局面，充分发挥好群众在脱贫攻坚中的主体作用。通过"脱贫故事会"、弘扬"立屯精神"等活动，注重激发道念村群众内生动力，把群众组织起来、发动起来，引导他们依靠自己的辛勤劳动实现脱贫，坚决克服依赖心理和"等靠要"思想，让贫困群众掌握一技之长，增强自我发展能力。同时，广泛动员社会各方面力量，争取和引导社会组织和个人参与扶贫开发，实现社会帮扶资源和贫困群众有效对接。

3. 因势利导，加强宣传，多管齐下解放群众思想

转变群众思想是后脱贫攻坚时期一项非常重要的内容，只有解放群众思想，才能从根本上巩固脱贫攻坚成果、夯实乡村振兴的群众基础。为此，要因势利导，采取座谈会等多种方式，宣讲国家政策、传播文化知识，让贫困群众认识到，苦熬没有出路，苦干才有希望。只有摒弃"等靠要"的思想，才能实现"被动扶"向"主动行"的转变。除此之外，要教育群众有大局意识，接受新事物、新观念，减轻家族势力对村域的负面影响。村屯干部要以身作则，发挥模范作用，并通过树模范、立典型的方式宣传自力更生、艰苦奋斗的优良作风。

（本案例执笔人：王韶睿　刘飞）

在全国脱贫攻坚总结表彰大会上，道念村荣获"全国脱贫攻坚先进集体"称号。道念村为什么能够成为全国脱贫攻坚的典型，其成功的密码何在？在全国脱贫攻坚总结表彰大会的讲话中，习近平总书记完整揭示了脱贫攻坚精神的深刻内涵——"上下同心、尽锐出战、精准务实、开拓创新、攻坚克难、不负人民"。对于道念村来说，"宁愿苦干、不愿苦熬"的精神气质是"脱贫攻坚精神"在该村的具体体现。作为历史上有名的"缺粮村"，道念村不等不靠，以"宁愿苦干、不愿苦熬"的立屯精神武装全村党员干部群众，村庄经济社会发展取得可喜变化。脱贫攻坚战打响以来，道念村弘扬立屯精神，办好新时代讲习所，培育内生动力。外部帮扶方面，道念村将"扶贫车间"建在村头，使贫困户增收顾家两不误。道念村立足自身资源禀赋，因地制宜发展肉牛等产业，带动了村民致富。伟大的脱贫攻坚斗争使道念村村容村貌发生了翻天覆地的变化，村民收入不断提高，村集体经济实力不断提升，发展经济的内生动力不断被激发，基层党组织也在此过程中受到洗礼，创造力、凝聚力、战斗力不断增强。有中国共产党的坚强领导，有脱贫攻坚打下的良好物质与精神基础，道念村在乡村振兴的道路上一定会取得更大成绩。

（点评人：刘飞，华中师范大学社会学院副教授）

第二章

浩坤村：

党建引领，旅游助推

浩坤村位于凌云县伶站瑶族乡境内，是桂西北典型的喀斯特大石山村。2015 年建档立卡贫困户 196 户 945 人，贫困发生率高达 52.04%，属极度贫困地区中的典型代表。2019 年预计贫困发生率可从 2015 年年底的 52.04% 降至 2.37%，2020 年全面进入小康社会。2019 年 10 月，华中师范大学课题组来到浩坤村，对该村进行了为期三天的调研。调查内容包括：听取村两委成员、第一书记等介绍村庄发展过程，对脱贫攻坚的投入、采取措施，以及成效和存在困难等。走访浩坤村相关农户，了解贫困人口生计状况；收集村庄基本情况、脱贫攻坚政策、基层管理等资料。

一、脱贫攻坚战期间村庄概况

（一）人口与资源

浩坤村全村 8 个自然屯 10 个村民小组，2015 年年底总人口 448 户 1893 人，常住人口 1858 人，民族以瑶族和壮族为主。劳动力人数 878 人，其中外出务工时间超过半年以上的有 493 人，长期外出务工比例为 56.15%。经过精准识别，建档立卡贫困户

196 户 945 人，贫困发生率高达 49.92%，人均耕地面积仅 0.5 亩。

该村距离伶站瑶族乡镇 9 公里（需 25 分钟车程），距离凌云县 38 公里（需 1 个多小时车程），距离百色市 66 公里（交通条件差，需 2 个多小时车程），区位条件差。全村总面积 21.96 平方公里，境内土山连绵，人口居住分散。有耕地面积 3515 亩，有效灌溉面积 421 亩，有林地面积 21195 亩，其中退耕还林面积 2200 亩，牧草面积为 15 亩。人均耕地面积 1.85 亩，人均牧草地面积 0.008 亩，人均林地面积 11.19 亩，村庄林地资源相对丰富。

（二）基础设施

浩坤村素有"八山一水一分土"之称，行路难、求医难、上学难、喝水难、吃饭难扼住了该村祖祖辈辈发展的"咽喉"，号称"天为难地为难""天不管地不管"。当初，猪笼洞是全村外出的唯一通道，翻越几座山，两头不见天，村屯道路无硬化，收入无依靠，吃的是玉米糊，喝的是望天水，村民仅靠务农维持生计。

在交通道路方面，2015 年浩坤村 8 个自然屯中实现通组路硬化的有 8 个。在电力设施方面，2015 年 8 个自然屯通生活用电和生产用电。在通信基础设施方面，8 个自然屯实现通电话、通有线电视信号、接通宽带。在饮水基础设施方面，2015 年 8 个自然屯农民的饮用水安全有保障。在家庭卫生条件方面，8 个自然屯均未实现卫生厕所全覆盖。在村级卫生设施方面，村民看病均是到乡镇卫生院就医，浩坤村卫生室数量为 1 个。在教育方面，有 2 个幼儿园或学前班，义务教育阶段儿童辍学人数为 0 人。在村级公共服务方面，2015 年村庄文化活动室 1 个，村卫生室 1 个，年内召开村民大会或村民代表大会 4 次，村庄没有红白理事会。

村庄党员人数为 30 人。

（三）生计渠道

村民在生计上形成种养、外出务工、经商等多元收入形式。在种植业上，粮食作物主要是玉米，因农户水田面积少，玉米等粮食作物用于满足家庭消费，基本不进入市场销售。在养殖业上，以单家独户的小规模鸡鸭养殖为主。2015 年浩坤村没有农民专业合作社，务工是村民种养殖收入之外的最重要经济收入来源。可见，就近短期务工并兼顾农业生产，是多数村民的生计方式。村内有扶贫车间 1 个，在村经营企业 2 个，企业规模 20 人以上。2015 年村庄创业致富带头人 3 人，村集体经济收入为 2 万元。

（四）收入与贫困状况

浩坤村自然资源相对匮乏，加上距离城市较远，农民比较缺乏相应的外出务工信息，多数农户选择在乡镇、县城等打零工同时兼顾农业生产，属于以就近就业和农业生产的"半工半耕"生计方式。由于耕地面积少，养殖鸡鸭等家禽为农业收入主要来源，工资性收入占农民家庭收入的比例最大，是最主要的收入来源。以 2015 年贫困人口的收入为例，生产经营性净收入为 1300 元，占比 26.53%；工资性收入为 2500 元，占比 51.02%；转移性收入为 1100 元，占比 22.45%；财产性收入为 0 元。

该村是广西省级贫困村，少数民族（壮族、瑶族）聚居村，作为典型石漠化山区，地处深山，生产生活条件差、思想封闭、受教育水平低、人才匮乏、内生动力不足、各项资源各项基础设施落后。基层党组织能力软弱，村两委人员学历低、年龄大、见识少，积极性、主动性不强，党员能人、致富能人少，带富能力差，诸多不利因素的叠加，导致浩坤村深度贫困。

二、脱贫攻坚投入与举措

（一）脱贫攻坚投入情况

在脱贫攻坚过程中，凌云县委、县政府依据浩坤村的资源禀赋（生态优良、自然景观独特），基于比较优势的基础投入大量的资金、人力、物力重点打造，建设全县旅游脱贫示范村。开展党建示范建设、基础设施改造、公共服务提升、产业发展，帮助就业、教育扶贫、内生动力激发等系列措施，脱贫攻坚成效显著。

浩坤湖项目 2016—2018 年总投资约 14.5 亿元，分三期开发建设。项目资金来源为广西壮族自治区巴马长寿养生国际旅游区专项资金 1.812 亿元，项目业主凌云县旅游投资公司融资 4.56 亿元，凌云县整合财政资金 0.5 亿元，招商引资 8.73 亿元，目前已经完成投资 8 亿元。主要用于景区道路、绿化亮化、游客中心、停车场、景观步道、污水垃圾处理、水电改造等旅游基础设施配套建设。浩坤村群众通过参与景区建设施工、清洁卫生、景区安全保卫、旅游解说等实现就业，在景区特定区域销售土特产、旅游小商品、开办农家乐、精品民宿等实现自主创业，拓宽增收渠道。

具体资金投向上：投入产业发展共计 2165 万元，其中乡村旅游 2000 万元，占 92.38%；投入种桑养蚕 150 万元，占 6.93%；投入养殖生态鸡 15 万元，占 0.69%。从资金投向结构来看，该村产业投入以发展乡村旅游为主，共 92.38% 的产业发展资金投到了乡村旅游业。这表明，浩坤村在产业发展方面主要是通过乡村旅游产业带动乡村产业扶贫的发展。

基础设施建设共计投入 6036.04 万元。其中农村饮水安全工程 3.36 万元、占比 0.06%，生态保护及封山育林禁牧 6.78 万元、占 0.11%，村庄整治（包括垃圾集中处理和党建宣传）16.9 万元、占 0.28%，农村危房改造 9 万元、占 0.15%，易地搬迁 6000 万元、占 99.40%。从基础设施的投入结构看，浩坤村在农田改造、农网改造、病险水库除险加固方面没有获得投入资金。这表明，在实施脱贫攻坚之前，浩坤村在以上领域已获得较大改善。村组易地搬迁投入占比达到 99.40%，这表明浩坤村的房屋建设历史欠账多，是基础设施建设优先投入的方向。

在公共服务设施上共投入 218.12 万元，其中农村中小学建设均没有投入资金进行建设，捐资助学（泛海和合班）12.05 万元。在村民健康投资上，村卫生室投入 9 万元，城乡居民医保投入 40.88 万元。

在人力资本投资上，劳动力职业技能培训投入 7.5 万元，累计培训各类贫困人口 50 人次。在就业扶贫投入上，帮扶就地就业投入 10 万元，异地就业投入 5 万元。在保障扶贫投入上，低保政策兜底投入 133.69 万元。公益岗位在岗人数 52 人，为贫困户提供就业帮扶。在金融扶贫上，2016—2018 年三年累计扶贫小额信贷 77 户，年累计发放信贷资金 385 万元。与产业发展和基础设施投入相比，浩坤村获得的人力资本投入偏低，这与调研组在实地调查中发现村民发展旅游业的情况相符。这也说明，浩坤村以旅游业发展为主线，村民对除了旅游业发展之外的其他技能需求也有所下降。

总体来看，浩坤村将基础设施建设作为脱贫攻坚的重要方向

（占资金总投入的 71.72%），而村内易地搬迁建设则是脱贫攻坚投入的重中之重，在基础设施投入中占比达到 99.40%。村内基础设施建设有效改善了贫困村农户生活和出行难问题，为改善村民生产生活水平奠定了物质基础。同时，乡村旅游业的发展也占产业发展总投入的 92.38%。这说明，旅游业发展是浩坤村产业发展的基础，为浩坤村脱贫攻坚做出突出贡献。

（二）脱贫攻坚主要措施

脱贫攻坚打响以来，作为省定贫困村的浩坤村脱贫措施主要有：

1. 抓基层组织建设，筑强战斗堡垒

从自治区党委组织部帮扶以来，浩坤村坚持党建引领，深化抓党建促脱贫攻坚措施，实施"脱贫攻坚先锋行"活动，在加强基层党组织的组织力上下功夫，持续激发基层党组织的凝聚力、战斗力以及农村党员干事创业的激情。一是配强领头人队伍。筑牢坚持把选优配强村两委班子放在首位，本届支委班子平均年龄 41.6 岁，比上一届下降 6.7 岁，村两委干部 100% 都是致富带头人。二是组建志愿服务队。建成了浩坤、浩高、三合、弄尾等 4 支党员志愿者服务队，开展党员"一站式服务"，亮牌上岗，为游客排忧解难，充分发挥党员先进模范作用。三是开展无职党员设岗定责活动，组织党员"做给群众看，带着群众干"，主动认领服务责任区，负责环境清洁、设施管护工作，带头遵守村规民约，履行岗位职责。

2. 抓基础设施建设，改善生产生活条件

2015 年以来，凌云县委、县政府通过县本级财政投入、整合

部门资金、激励民间资本参与和成立国有旅游投资公司开展融资等方式筹集资金，以旅游开发、"倒逼"和推动浩坤村基础设施建设，改善村域生产生活条件，修通农家乐硬化路，开通了市汽车站、动车站至浩坤湖景区旅游专线中巴车，完善村庄规划、统一民居改造，增加绿化亮化，完善供水供电设施，浩坤村生产生活条件发生了翻天覆地的变化。

3. 抓发展产业和就业，增加群众稳定收入

在传统产业发展方面，优化农业种植结构，扩大桑叶种植面积，利用弄项屯养殖基地，采取"公司＋合作社＋农户"运营方式，鼓励群众养殖生态鸡，带动贫困群众依托种桑养蚕、养殖生态鸡甩掉贫困帽子。在旅游扶贫方面，在开发浩坤湖旅游工作中，以"景区＋村集体＋农户"的发展思路建立"六个一"旅游扶贫模式，拓宽群众增收渠道。一是资源租赁模式。采取群众将土地、林地等资源租赁给景区开发利用，按资源占比每年获得租金收入的方式。二是发展特色产业模式。旅投公司牵头组建景区特色养殖合作社，引导群众规模发展生态养渔业。在景区周边环线打造一批精品民宿、星级农家乐、休闲农业与乡村旅游示范点。三是群众参与景区就业模式。旅游企业为全村群众每户至少安置一个劳动力在景区务工，增加了工资性收入。四是景区收入分红模式。旅投公司将景区总收入的10%拿给群众分红，各拿1%给浩坤和弄福两个村两委作为村集体经济收入，群众收入和村集体经济双双"壮"起来。五是旅游企业带动模式。在景区内划定特定区域，由农户自主经营农副土特产品和旅游商品增加收入。六是资产入股模式。接受扶贫移民搬迁的农户，将原有房屋、土地、宅基地交由旅投公司经营，获取入股分红。在公益岗位设置上，与凌云县振凌旅游投资经营有限责任公司合作，30人进入旅游投资公司工作，并签约公益性岗位就近务工，为公司开船、驾车，做环卫工人。

4. 抓村容村貌和生态环境改善，推动绿色可持续发展

浩坤村充分利用浩坤湖资源，坚持把景区景点建设与贫困村建设同步进行，使村容村貌焕然一新。乡村人居环境大幅度提升，实现了深山里的蜕变。浩坤村结合国家4A级旅游景区建设，进一步健全景区公路、沿湖栈道、骑行绿道、旅游码头、旅游生态停车场、旅游度假酒店、游客服务中心、风雨廊桥、观景台亭、旅游厕所等旅游基础设施建设，并带动周边村屯基础设施不断改善。浩坤村坚持科学规划编制发展方向，围绕国家湿地公园浩坤湖建设，做好顶层设计。先后修订编制《环浩坤湖山水生态体验区概念性规划》《环浩坤湖山水生态体验区总体规划》《环浩坤湖山水生态体验区控制性规划和修建性详细规划》《凌云县浩坤村旅游扶贫攻坚规划》等，为新农村建设和旅游扶贫的深入开展奠定了基础。在峭壁上靠手脚爬行的"猪笼洞"，作为曾经的进出必经地，也因景区开发建设，成为艰苦奋斗教育基地。

5. 抓扶贫扶志，激发内生动力、阻断贫困代际传递

浩坤村坚持全面加强扶贫同扶志、扶智相结合，不断激发贫困群众内生动力。以培育最爱国、最守法、最勤劳、最诚信、最友善"五最"新型农民为目标，全面开展村级脱贫攻坚"一个广播响起来、一帮宣讲人讲起来、一场百家宴聚起来"等"八个一"宣传工作，创建农家夜校和讲习所，全面开展感恩教育、法纪教育、习惯教育、风气教育、脱贫光荣自尊教育"五大教育"，破除群众的"等靠要"思想，让贫困户真正实现从"要我脱贫"到"我

要脱贫"的转变。在开展教育扶贫方面，与中国泛海控股集团通过广西和合济困助学基金会捐赠开展帮扶贫困家庭学生活动，共捐资助学 131 万元。积极开展"控辍保学"活动，不断完善落实辍学学生劝返复学登记，加强家校联系，做好动员和接收本地适龄儿童入学工作和学生返校工作，坚持每天控辍保学工作报告制度，及时了解辍学学生的动态，做好劝返工作，做好贫困学生、特殊家庭子女、留守儿童等困难群体的关爱工作，切实帮助解决学生的实际困难。目前，浩坤村没有义务教育阶段的适龄辍学儿童。驻村工作队协助村两委从强化基层治理、激发群众内生动力、积极践行社会主义核心价值观等方面入手，进一步指导修订完善、规范和严格执行村规民约，引导贫困群众自觉遵守、自我约束。

三、脱贫攻坚成效

经过几年的奋力攻坚，借助"党建＋旅游"的新模式，浩坤村发生了天翻地覆的变化。

（一）贫困人口、贫困发生率变化情况

2016 年以来，浩坤村脱贫 152 户 709 人，贫困发生率从 2015 年年底的 52.04% 降至 13.11%。目前，浩坤村尚有贫困户 44 户 238 人，有望于 2019 年脱贫 35 户 195 人，贫困发生率降至 2.37%，2020 年与全国全区同步进入小康社会。

（二）村容村貌、基础设施、公共服务改善情况

目前，全村 8 个自然屯全部修通进户水泥路，通硬化路实现屯屯通、组组通。依托浩坤村水资源丰富的优势，通过自来水管

道集中供水、取水泵引水、修建水塔水箱以及贮水池等形式为全村人口提供了安全饮用水，饮水安全农户比例达100%。8个自然屯全部实现通电、通光纤宽带、通广播电视信号，所有村屯的太阳能路灯全部安装完工并正式投入使用。浩坤村所有村屯全部配备村屯保洁员、可供集中投放的垃圾处理池，农户家中水冲式厕所覆盖率达到100%。浩坤村建有一个标准化村级卫生室，全村合格医生人数1人，参保居民购买基本医疗保险（含大病保险或同类型保险）购买率达98%，实现建档立卡贫困人口家庭医生签约服务100%覆盖。在教育方面，全村幼儿园1所，学前班在学人数35人；有1所小学位于三合屯，最高年级设5年级，义务教育阶段学龄人口在校比例100%。

（三）村民就业和收入、村集体经济收入情况和村民的生产生活情况

脱贫攻坚以来，浩坤村农民人均可支配收入由2014年的4900元，增加到2018年的6820元。村集体通过对现有的村部、集体山林土地等闲置资产进行盘活，出租给浩坤湖国家湿地公园管理局，将景区总收入的10%给群众分红，1%给浩坤村作为村集体经济收入。截至2019年8月底，浩坤村当年的集体经济收入达5.73万元。通过旅游景区发展、易地搬迁、产业发展等措施，浩坤村群众的居住条件、生活水平明显提高，幸福感、满意度明显提升。

（四）产业发展，生产经营、组织方式的转变

在传统产业发展方面，优化农业种植结构，种植桑叶300余

亩，培植毛葡萄产业 50 余亩，建设 14 间蚕房 1680 平方米，扩大桑叶种植面积，带动贫困群众依托种桑养蚕甩掉贫困帽子。与此同时，利用弄项屯养殖基地，鼓励群众养殖生态鸡，采取"公司＋合作社＋农户"方式运营，年可出栏生态鸡 5000 羽。旅游扶贫方面，在开发浩坤湖旅游工作中，以"景区＋村集体＋农户"发展思路建立"六个一"旅游扶贫模式，拓宽群众收入渠道。景区及其周边 206 户 965 人通过土地出租，年人均获利 1446 元，景区及其周边 398 户 1857 人通过加入合作社，年人均获利 969 元。直接吸纳当地群众 85 人就业，优先吸纳当地贫困群众 157 人参与景区项目建设务工，增加了工资性收入，通过群众参与景区就业，当地贫困群众年人均可增加收入 2 万元。通过景区收入分红，景区群众年人均增收 273 元，周边贫困村村集体经济均增收 1.5 万元。农户通过在景区售卖土特产品每月收入可增收 1000 元。

（五）乡风文明、内生动力情况

浩坤村通过开展"八个一"宣传和争当"最爱国、最守法、最勤劳、最诚信、最友善"的"五最"新型农民活动，在全村营造了脱贫攻坚浓厚氛围，调动群众的积极性，提升群众脱贫内生动力，破除群众的"等靠要"思想，实现从"要我脱贫"到"我要脱贫"的转变。

（六）基层组织建设

浩坤村党支部现有正式党员 35 名，设支部书记 1 名，支委委员 4 名，其中在职党员 3 名，入党积极分子 3 名；按照就近就便参加组织生活原则，划分 4 个党小组，每个党小组 7—10 人。

全村党员平均年龄 51.3 岁，35 岁以下党员 9 名，占比 25.71%；男性党员 33 名，占比 94.29%；女性党员 2 名，占比 5.71%；高中以上学历党员 12 名，占比 34.29%；汉族党员 2 名，占 5.71%；壮族、瑶族少数民族党员 33 名，占 94.29%。浩坤村成立浩坤、浩高、三合、弄尾等 4 支党员志愿者服务队，坚持亮牌上岗，为广大群众、游客排忧解难，"做给群众看，带着群众干"，带头遵守村规民约，履行岗位职责，村容村貌得到大幅改善。注重加强自身建设，按时开展"三会一课"、固定党日活动，充分发挥支部战斗堡垒作用及党员先锋模范作用，为打赢打好浩坤脱贫攻坚战提供坚强组织保障。

四、脱贫攻坚典型经验

新一轮脱贫攻坚工作以来，在自治区党委组织部的倾情帮扶下，浩坤村成功探索出一条"党建+旅游"的扶贫模式。2016 年以来，贫困发生率从 52.04% 降至 13.11%，走出了一条深度贫困村通过党建引领助推旅游脱贫的新路子，形成了党组织带动、旅游业发展、群众增收脱贫的良好局面。从浩坤村脱贫攻坚的历程中，我们能总结出如下典型经验：

（一）"三个下沉"党建引领作用凸显

1. 发挥政治优势，主体责任下沉到旅游扶贫一线

强化党建主体责任，坚持领导带头、以上率先、逐级示范，层层压实责任，逐级落实推动，努力形成抓党建、促脱贫的政治自觉和思想自觉，坚持以抓党建、促脱贫为最大的政治任务，持

续推进，形成了县乡村三级书记齐抓共管的工作格局。区委组织部、县委以及乡镇党委多次到凌云县浩坤村调研指导，进一步压实主体责任在旅游扶贫一线落地落实。经过调研论证，提出了立足浩坤湖自然景观优势，结合环浩坤湖景区旅游发展规划，全面实施"脱贫攻坚先锋行"和"旅游富民攻坚战"行动，着力将浩坤村打造成中国乡村旅游示范村的标杆。

2. 发挥组织优势，党建力量下沉到旅游扶贫一线

在区委组织部和凌云县委的领导下，积极开展"脱贫攻坚先锋行"活动。一是配强领头人队伍。坚持把选优配强村两委班子放在首位，通过对外公开招聘的方式，配齐村两委班子，村两委干部100%都是致富带头人。二是组建组志愿服务队。建成4支党员志愿者服务队，开展党员"一站式服务"，亮牌上岗，为游客排忧解难，充分发挥党员先进模范作用。三是开展无职党员设岗定责活动，组织党员"做给群众看，带着群众干"，主动认领服务责任区，负责环境清洁、设施管护工作，带头遵守村规民约，履行岗位职责。全村党员群众全部投入村级建设、乡村人居环境提升、发展产业、主动就业等工作中来，浩坤村党支部光荣地被自治区党委组织部命名为三星级基层党组织。

3. 发挥资源优势，党建资源下沉到旅游扶贫一线

坚持重心下移、资源下沉，注重统筹人力、物力、财力等各类资源向基层倾斜，推动党建资源向基层一线汇聚。一是建强旅游扶贫战斗堡垒，区委组织部选派优秀干部驻村任浩坤村第一书记、驻村工作队员；县委、县政府安排旅游主管部门作为后援单位定点帮扶浩坤村，开展旅游开发、脱贫攻坚、美丽乡村等工作，提升工作质量和服务水平。二是以全县开展党建"12345"行动为契机,强化基础保障。按照"六个一"标准(一栋综合楼、一个篮球场、一个戏台、一个宣传栏、一支篮球队、一支文艺队),开展村级活动场所建设打造,以村级活动中心为基地,组织开展村级文化活动,扬正气、树新风、增活力。三是建立乡村干部待遇稳增长机制,乡镇干部和驻村第一书记平均每人每月补贴300元,村(社区)定员全额补贴干部待遇从原来的1000元提高到1400元至1960元不等,绩效奖励从原来最高的2000元提高到8000元,落实了每个村(社区)每年以2万元为基数的办公经费,并为每名村干部购买人身意外险,全面激发了基层党员队伍的工作热情。

(二)"三个提升"村容村貌焕然一新

1. 提升道路通达能力

充分利用浩坤湖资源,坚持把景区景点与贫困村建设融合在一起,利用旅游扶贫"倒逼"乡村基础设施建设。整合部门资金、激励民间资本参与、旅游投资融资等方式筹集资金,建设旅游项目。建设了坡贴游客服务中心—彩架村—弄福村的环浩坤湖景区二级路,修建环湖公路和骑行栈道,全村8个自然屯全部修通进屯入户水泥路。同时还开通景区旅游专线中巴车,连接各村屯的道路通达能力得到明显提升。

2. 提升住房保障质量

先后修订编制《环浩坤湖山水生态体验区概念性规划》《环浩坤湖山水生态体验区总体规划》《环浩坤湖山水生态体验区控制性规划和修建性详细规划》《凌云县浩坤村旅游扶贫攻坚规划》

等，不断完善村庄规划，统一民居改造，完善供水供电设施，改善乡村基础设施。如今，8个自然屯全部安装太阳能路灯，全部配备村屯保洁员，4个人口居住集中的自然屯完成乡土风貌改造，扶持10多户村民建设特色房屋，发展农家乐旅游项目。浩坤湖景区建设目前已经累计完成总投资8亿元，建设了旅游码头、旅游生态停车场、旅游度假酒店、游客服务中心、风雨廊桥、观景台亭、旅游厕所等旅游基础设施。2018年浩坤湖景区成功创建国家4A级旅游景区。

3. 提升绿化美化水平

全面实行禁养禁牧制度。在开发乡村旅游过程中，全部实行禁养禁牧制度，景区范围内一律不准养殖牛、羊等牲畜，大力实施景区绿化亮化工程，蓝天绿地得以不断巩固。大力发展绿色产业，优化浩坤农业种植结构，种植桑叶300余亩，培植毛葡萄产业50余亩，建设14间蚕房1680平方米，扩大桑叶种植面积，带动贫困群众依托种桑养蚕甩掉贫困帽子。

（三）"六个一批"旅游扶贫成效显著

1. 库区补偿实现增收一批

建立库区土地淹没长期补偿制度。群众将土地、林地等资源租赁给景区开发利用，按资源占比每年获得租金收入，使景区及其周边206户965人年人均获利1446元。

2. 合作入股实现增收一批

旅游开发后，浩坤村党支部积极引导周边农户以入股的方式参加合作社，发展生态养殖。目前，景区及其周边398户1857

人通过加入合作社，年人均获利 1000 元左右。

3.产业带动实现增收一批

组织群众学习刺绣手艺以及发展特色种养业，在旅游购物一条街划定区域免费提供给贫困户从事壮族金鱼帽、民族服装等工艺品出售以及芭蕉、葛薯等土特产销售，农户通过售卖土特产品每月收入可增收 1000 元。

4.景区收入分红实现增收一批

通过景区收入分红，景区群众年人均增收 273 元，周边贫困村村集体经济均增收 1.5 万元，群众收入和村集体经济双双"壮"起来。

5.上岗就业实现增收一批

旅游企业为全村群众每户至少安置一个劳动力在景区务工，直接吸纳当地群众 85 人就业。另外吸纳当地贫困群众 157 人参与景区项目建设务工，增加了工资性收入。通过群众参与景区就业，当地贫困群众年人均可增加收入 2 万元。

6.资源租赁实现增收一批

大力培育发展民宿，将有意愿农户房屋出租给凌云县旅投公司作为精品民宿对外经营。同时，利用闲置的荒山或土地等资源入股或出租给旅投公司，由旅投公司根据实际情况进行自主经营，让农户实现增收。

（四）"三个重点"深化党建促脱贫

1.建强组织是前提

通过严格落实"三会一课"、主题党日、组织生活会等党内政治制度，做好党员教育培训，对党员进行"不忘初心、牢记使命"主题教育，增强党员发挥先锋模范作用的自觉性；坚持选优配强村两委班子，职业化竞聘党支部书记，按照"党建引领、乡村旅游促增收致富"整体思路，全面建强基层战斗堡垒，增强基层党组织带领群众脱贫致富实力。

2. 产业发展是核心

浩坤村通过因地制宜，依托浩坤湖景区，以"景区＋村集体＋农户"发展思路，建立资源租赁、发展特色产业、群众参与景区就业、景区收入分红、旅游企业带动以及资产入股模式等"六个一"旅游扶贫模式，拓宽群众收入渠道，真正让群众在家门口走上致富路。在山区屯则依托"合作社＋农户＋公司"模式，重点发展种桑养蚕、养殖生态鸡等特色种养产业，科学布局推动，延长产业链，做大做强，增强"造血"功能，实现稳定脱贫增收。

3. 群众参与是保证

打赢脱贫攻坚战，归根结底要靠贫困群众自力更生、艰苦奋斗，发挥脱贫攻坚中的主体作用。通过"瑶家夜校"、脱贫攻坚"八个一"以及"脱贫攻坚面对面"等活动，注重激发少数民族群众内生动力，把群众组织起来、发动起来，引导他们依靠自己的辛勤劳动实现脱贫，坚决克服依赖心理和"等靠要"思想，让贫困群众掌握一技之长，增强自我发展能力。同时，广泛动员社会各方力量，争取和引导社会组织和个人参与扶贫开发，实现社会帮扶资源和贫困村民有效对接。

五、小结和讨论

（一）小结

面对贫困，浩坤村民在党的领导下砥砺奋进，誓要啃下贫困硬骨头！没有路，政府筹资、群众投工投劳，夜以继日，以滚石上山、爬坡过坎的气势和干劲，从"猪笼洞"头顶凿通一条579米的隧道。在自治区党委组织部的倾情帮扶下，在社会各界的大力支持和帮助下，浩坤村依托山清水秀、得天独厚的自然资源，成功建成国家湿地公园、4A级旅游景区，浩坤湖这个金凤凰从此展现在世人面前，引得游客从四面八方慕名而来。

更难能可贵的是，浩坤村探索出一条"党建+旅游"的扶贫模式。坚持党建引领，旅游促脱贫，发展特色种养，增强村集体经济，取得了较好成效。浩坤村党建助推乡村旅游促脱贫经验，得到自治区党委副书记孙大伟，自治区党委原常委、组织部部长王可等自治区党委领导的高度肯定。中央电视台，广西卫视，广西日报等媒体给予广泛报道。党建引领旅游扶贫，为深度贫困地区特别是石漠化大石山区的脱贫攻坚和乡村振兴提供了可复制、易推广的浩坤经验。

（二）后脱贫攻坚时期浩坤村发展中的困难与挑战

浩坤村在长期发展中面临的困难与挑战主要有以下几个方面：

1.村民的固有观念对村庄发展制约明显

脱贫攻坚以来，扶贫项目资金聚集于贫困村内的旅游文化活动开展、村容村貌的改善、乡村旅游业的发展等基础设施建设，显著改善了贫困村的发展条件，为村民与外部联系和发展产业奠定了坚实基础。然而，浩坤村瑶族村民思想相对滞后，固有的观念无法适应乡村发展变化的速度，因此在村子集中开展公益活动、文化活动以及景区建设等活动上配合度较差。这一现象也是贫困村进一步发展的重要制约因素。

2. 村民教育普及率低，动员难度大，内生动力不足

浩坤村壮族和瑶族居民居多，且教育普及度不高，由于脱贫攻坚前期交通闭塞，对外交流较少，因此对于近年来现代化发展与变化的适应度较差。在脱贫攻坚期举行的大中小活动中，居民的动员难度大，还易引起矛盾和误解，给工作的开展带来不便。同时，村民们缺乏足够的技能培训，在发展乡村振兴产业发展方面存在制约作用。所以，在乡村振兴的过程中，提高村民的教育普及率以及技能培训显得尤为重要。

3. 旅游产业基础设施存在短板，住宿餐饮等配套设施亟须完善

由于浩坤村旅游业发展时间较短，在旅游业的饮食、住宿以及特色产品等方面还存在不少短板。如何确保游客在浩坤湖旅游中的良好体验？如何发展自己的特色产品以促进游客的购买来带动旅游业的发展？这些问题都是浩坤村在脱贫攻坚巩固提升阶段以及乡村振兴期旅游业发展过程中亟须重点解决的问题。

（三）政策建议

基于上述困难与挑战，提出如下政策建议：

1. 提高教育普及率，改变落后观念

人才是乡村发展的第一要素。为此，有必要进一步提高村民

的教育普及率，改变落后封闭的思想观念。为改变村民的落后观念，浩坤村广泛开展了职业技能培训、开设了瑶族班，为思想相对落后的村民进行智志双扶进行了有益实践。下一步，浩坤村要进一步在改变落后观念、提升村民发展内生动力上继续探索，构筑观念更新的长效机制。

2. 优化升级，做大做强产业

产业兴旺是实现农业强、农村美、农民富的物质基础。要正确处理好政府与市场的关系，遵循市场自身规律，充分发挥市场在农业资源配置中的决定性作用。农业产业融合是拓宽农民增收渠道、推动农业高质量发展、实现乡村产业兴旺的重要途径。对于旅游业发展中的短板，亟须尽快补齐；在此基础上，优化产业结构，做大做强旅游业。一个可行的路径是，深入开展互联网＋旅游等相关举措，助推旅游业转型升级。

3. 构建新时代的乡村治理体系

当前既要巩固脱贫攻坚成果，也要继续吸取驻村工作队的宝贵经验和工作方法，并转为乡村振兴工作队并将工作重心下移到农村，将选派干部组建驻村工作队的这种密切联系群众的工作方式制度化、常态化，建立乡村振兴驻村工作的长效机制。发挥党建引领的制度优势，持续推进乡村振兴工作队与村两委"互补"的治理机制，打造一支高素质的乡村振兴工作队，建立健全相关的选拔、考核以及保障等方面的机制。

（本案例执笔人：胡汀洋　刘飞）

案例点评

习近平总书记指出："要把扶贫开发同基层组织建设有机结合起来，真正把基层党组织建设成带领群众脱贫致富的坚强战斗堡垒。"浩坤村从习近平总书记的重要论断出发，牢固树立"围绕扶贫抓党建，抓好党建促脱贫"的理念。在"绿水青山就是金山银山"理念的指引下，浩坤村依据自身资源禀赋将旅游业作为带动贫困户脱贫致富奔小康的主导产业。发挥政治优势，主体责任下沉到旅游扶贫一线。发挥组织优势，党建力量下沉到旅游扶贫一线。实施"脱贫攻坚先锋行"活动和"旅游富民攻坚战"行动，组织党员"做给群众看，带着群众干"。发挥资源优势，党建资源下沉到旅游扶贫一线。在"三个提升"的推动下，村容村貌焕然一新。在"六个一批"的带动下，旅游扶贫成效显著。经过艰苦卓绝的脱贫攻坚战，浩坤村摆脱了"天为难地为难""天不管地不管"的封闭局面。经过艰苦卓绝的脱贫攻坚战，浩坤村摆脱了千百年来的贫困，贫困户收入不断提高，村集体经济能力不断增强，基层党组织建设更加牢固。在乡村振兴的伟大道路上，浩坤村一定能够在党的坚强领导下，进一步加强党的建设，以党建引领的方式继续将中国特色社会主义的制度优势转化成治理效能。

（点评人：刘飞，华中师范大学社会学院副教授）

第三章

五福村：

产业发力，科技护航

五福村隶属于广西天峨县八腊瑶族乡，辖29个自然屯，34个村民小组，共646户2678人。该村是广西区定贫困村，2016年脱贫摘帽，2018年未脱贫人口16户62人。2019年10月，华中师范大学课题组一行四人来到五福村，对该村进行了为期三天的调查。调查内容主要包括：听取村两委成员、第一书记等介绍村庄发展情况；脱贫攻坚中的投入、采取的措施，以及成效和存在困难；实地走访相关农户，了解贫困人口生计状况；收集村庄基本情况、脱贫攻坚政策实施和基层管理等资料。

一、脱贫攻坚战期间村庄概况

（一）人口与资源

2015年五福村全村人口2667人，民族以汉族为主，瑶族人口约占1/5。劳动力人口1200多人，其中外出务工时间超过半年以上的有285人，长期外出务工的比例为22.98%。经过精准识别，五福村有建档立卡贫困人口117户466人，贫困发生率17.47%。

该村位于天峨县西南部，距离天峨县城35公里（国道G243、县道 X885 穿村而过），距离乡政府所在地 12 公里。全村有耕地面积 5134.1 亩，有效灌溉面积 1601.38 亩，有林地面积 3352.2 亩。人均耕地面积 1.93 亩，人均林地面积 1.26 亩，村庄耕地和林地资源相对匮乏。

整体来看，五福村交通状况一般，虽然距离县城不远，但道路状况不佳。五福村劳动力人数占比并不高，考虑兼顾家庭和种植作物的因素，长期外出务工现象也不是特别突出，属于务工与种植兼顾。

（二）基础设施

在道路交通方面，五福村 29 个自然屯中实现主干道路面硬化的有 14 个自然屯，五福村在脱贫攻坚之前已通班车，大部分通屯道路为砂石路或泥土路。在电力设施方面，2015 年 29 个自然屯通生活用电，还有 3 个自然屯通生产用电。在通信基础设施方面，每个屯都通电话，通有线电视信号。通宽带的自然屯有 20 个，只有 9 个自然屯没有通宽带网络。在饮水基础设施方面，2015 年只有 2 个自然屯农民的饮用水经过集中净化处理。在家庭卫生条件方面，有 28 个自然屯实现卫生厕所全覆盖，只有 1 个自然屯没有卫生厕所。在村级卫生设施方面，村民看病基本是到乡镇卫生院就医，五福村卫生室数量为 1 个，卫生室全科医生有 1 个。在教育方面，有 2 个幼儿园，义务教育阶段无儿童辍学。在村级公共服务方面，2015 年五福村没有文化活动场所，没有篮球场。年内召开村民大会或村民代表大会为 2 次，村庄没有红白理事会。村庄党员人数为 66 人。

（三）生计渠道

五福村大部分区域属于大石山区，一方水土养不好一方人，全村可用耕地面积只有 5134 亩。俗话说，"一个石凹一捧泥、九山半水半分田"，形容的就是五福村大石山区的生存环境。村民在生计上基本形成种养、外出务工等生计手段。在种植业上，粮食作物主要是稻谷和玉米等，因村庄耕地面积稀少，稻谷、玉米等粮食作物只能用于满足家庭消费，没有量产进入市场销售。经济作物种植单一，农业效益低。一部分群众还将有限的土地用以种植杉木，产业发展周期长、见效慢。在养殖业上，以单家独户的小规模猪鸡养殖为主，2015 年五福村有 2 个农民专业合作社。务工是村民种植养殖之外的重要经济收入来源，外出务工的劳动力由于文化素质相对低下，身无一技之长，只能依靠体力劳动，收入水平低。2015 年村庄创业致富带头人 5 人。

由此可见，五福村的生存环境恶劣，耕地资源严重匮乏，导致土地利用率不高、利用效果不佳，只能够满足家庭自需。务工收入成为主要收入来源，但受职业技术、文化素质等各方面影响，无法胜任技术性强的岗位工作，导致务工收入水平低下。

（四）收入与贫困状况

五福村地广人稀，山高坡陡，大石山区占比较大。田地单块面积小，肥力弱，不适宜机械化耕作；耕地细碎，土层瘠薄，易涝易旱；排灌条件差，滑坡灾害频繁；远离县城，农业种植劳动强度大，成本高，竞争力弱。全村大多数青壮年劳动力只受过小学或初中文化教育，熟练掌握运用科技知识和实用技术的比例很低，科技意识差。长期以来，五福村农民修房造屋、生产生活都依赖自然资源，局部地区过度垦殖，水土流失严重，生态环境日益恶化。但是，村内人口越来越多，高科技劳动工具越来越普及，人们利用、改造和破坏自然的能力越来越强，当地自然生态条件越来越难以适应人们的生产生活需求。以 2015 年贫困人口的收入为例,村域内贫困人口年人均可支配收入在 3100 元以下。其中,生产经营性净收入、工资性收入、转移性收入以及财产性收入五福村并没有详细的统计数据。

在致贫原因方面,"因病致贫" 22 户,"因残致贫" 20 户,"因学致贫" 20 户,"缺土地" 7 户,"缺劳力" 12 户,"缺技术" 34 户,"因灾" 1 户,"交通条件落后" 1 户。可见,缺技术和疾病原因是五福村农民贫困最普遍的原因,此外在调研中了解到,缺乏资金也是阻碍农户发展生产产业的重要原因(不少有意愿发展产业贫困户因为缺乏资金不得不放弃)。加上耕地资源稀少,种植作物单一,导致农业发展效益低,其中农户种植技术的不科学也是一方面的原因。

二、脱贫攻坚资金投入与举措

(一)脱贫攻坚资金投入

据统计,"十三五"以来,共筹集资金 13300 万元扶助建设坐落于五福村的广西龙滩珍珠李现代特色农业(核心)示范区;共争取各类扶贫资金 3090.29 万元在五福村实施道路、饮水、房屋、教育、医疗、低保、供电、路灯、养殖、中药材种植、珍珠李冷链物流、产业现代化等项目。从资金来源看,财政扶贫资金:2334.09 万元;整合涉农资金:446.2 万元;信贷资金:294 万元。具体来说,资金投向 9 个大的方面:

1. 产业扶贫

自脱贫攻坚以来,全村争取各类帮扶资金,共投入产业扶贫资金 574 万元。其中建设了五福村下田洞中药材种植示范基地 1

个，共 150 亩，整个基地建设共投入 180 万元；发放贫困户苗木奖补 49 万元，扶持贫困户购买油茶苗、珍珠李苗等；发放贫困户产业奖补 51 万元；发放贫困户发展产业的小额信贷 294 万元，用于发展特色种养。

2. 就业扶贫

一是设置环境卫生公益岗位 5 个，共投入资金 9 万元。二是进行就业岗位培训投入 68 万元，包括电工培训等。

3. 危房改造

"十三五"以来，共进行农村危房改造 84 户，投入资金 188 万元，建档立卡贫困户 40 户，通过易地扶贫搬迁安居至天峨县长安家园 187 人，投入资金 601.8 万元，人居条件得到有效改善。

4. 保障扶贫

自 2016 年以来，全村通过逐级评议，发放农村最低生活保障金 158.64 万元，包括困难残疾人补贴、重度残疾人护理补贴等。

5. 健康扶贫

自脱贫攻坚以来，政府在五福村共投入健康扶贫资金 377.17 万元。其中贫困户新型农村合作医疗补贴 19.7 万元、医保报销 256.37 万元、大病救助 97.6 万元、意外保险补贴 3.5 万元。

6. 教育扶贫

"十三五"以来，全村共获得教育扶贫资金 48.15 万元。其中包括"雨露计划"38 万元、学前教育 0.4 万元、义务教育困难寄宿生生活补助 9.75 万元。在一定程度上保障了贫困学生安心上学。

7. 村庄整治

"十三五"以来，投入 260 万元实施农村电网改造项目，投入 10.5 万元实施公开公示设施改造项目，投入 111.09 万元实施垃圾焚烧炉和简易垃圾池建设项目。

8. 生态保护

生态保护方面共投入 30.94 万元。一是投入资金 2 万元，聘请了 2 名护林员，对村域范围内的生态公益林进行巡查和保护；二是发放公益林补贴 28.94 万元。

9. 基础设施

一是村内道路建设投入 537 万元，硬化屯级道路 18 条，27.8 公里。二是建设家庭水柜 22 个，投入 33 万元；防汛抗旱及集中供水工程投入 83 万元。

目前，五福村公共服务、基础设施、特色产业、民风民俗以及广大人民群众的生产生活方式等方面都发生了巨大的变化，实现振兴发展的基础越来越扎实。村域内出产的龙滩珍珠李、早熟油桃、红宝石黑宝石布朗李等"三特"水果，黑山羊、土猪等名优家畜品种，以及脆壳核桃、中药材、山茶油等土特产业蓬勃发展，产品远销区内外，深受广大消费者喜爱和好评。

（二）物力、人力投入

"十三五"以来，上级先后委派自治区科技厅社会发展处副处长张士军同志和农业农村科技处副处长韦昌联同志负责协调联系五福村，委派自治区科技厅和天峨县市场监督管理局、天峨县农机局、天峨县退役军人事务局等多个单位作为后援单位，共委派 5 名工作队员（第一批 1 人，第二批 4 人）驻村、54 名帮扶干部入户开展脱贫攻坚工作。

从资金来源分析，大部分的资金来自于财政拨付，整合资金也占一部分。从总体布局上看，五福村将打造龙滩珍珠李现代特色农业（核心）示范区作为脱贫攻坚的重要投向，产业的建设与发展投入资金占总投入资金的六分之一，可见五福村将特色产业发展作为重要的发展方向和内容。其中帮助贫困户发展产业的小额信贷数额达到294万元，说明五福村重视和鼓励农户发展特色种养。村内道路建设的投入比例较大，在基础设施投入中占比达到82.24%，说明村内道路建设成效显著，也反映出原先村内道路状况不佳。生态投入所占比例最低，仅为总投入的1%，用于聘请护林员巡查和保护生态公益林，发放公益林补贴，并没有资金投入指向环境治理方面，五福村生态环境保护工作良好，这是五福村的发展优势和突出特点。

（三）脱贫攻坚开展的主要措施

1. 基础设施

2015年以前的五福村，进村道路山路十八弯，大部分村屯没有通水泥硬化道路，房屋破旧，道路泥泞，基础设施建设比较滞后。2014—2018年，投入资金188万元，进行农村危房改造84户。投入537万元硬化屯级道路18条，27.8公里，大大改善了群众出行难的窘境。五福村实施长岗岭公路沿线集中供水工程、平里片区集中供水工程、纳么沟花洞集中供水工程、牛坪屯集中供水工程等4个饮水工程项目，在建五福村完小及风香坳片区集中供水工程，在解决安全用水方面做了较大努力，改善了以往缺安全饮用水的困境，保障了群众用水需求。

2. 公共服务

一是教育方面。2018年全村共有符合义务教育学生300人，其中建档立卡贫困学生 104 人，落实 1 名残疾儿童送教上门，没有义务教育阶段辍学学生。2018 年秋季学期有 21 人获得雨露计划补贴。二是健康方面。2018 年，全村建档立卡贫困户 137 户 559 人，其中 553 人参加城乡居民基本医疗保险，6 人参加城镇职工医疗保险，参保率为 100%，且全部有签约家庭医生。全村 2678 人，除去现役军人等 74 人外，应参保人员为 2604 人，实际参保人员为 2581 人，城乡居民医保参保率为 99.12%。参保率的大幅度提高意味着农户的健康状况得到了保障。

3. 科技 + 产业

（1）紧盯优势产业，一心一意发展珍珠李

结合产品特色和生长环境，珍珠李成为五福村的主导和优势产业。五福村是龙滩珍珠李的发源地，但受技术条件限制、病虫灾害等影响因素，群众种植意愿不强。该村通过探索和研究，把发展珍珠李列为主导产业，组织村两委干部、致富能人、贫困户成立专业合作社，推进品种改良，减少病虫灾害，培训并提高农户的管护能力和种植水平，整村推进产业发展。目前，全村共种植珍珠李 4000 多亩，珍珠李种植项目已成为群众增收的一个主要渠道。例如，长岗岭屯的张秀国，经过多年努力共种植珍珠李 100 多亩，2019 年珍珠李收入达 30 多万元。

（2）创新种植方法，拓宽群众增收新渠道

五福村采取"党组织 + 基地 + 合作社 + 公司 + 农户 + 集体经济"模式，与桂林亦元生现代生物技术有限公司签订了百亩中药材种植合作协议，在五福村下田洞屯种植 150 亩富硒无籽罗汉果套种黑老虎（厚叶五味子），利用两种药材架上架下立体空间互补优势，收获季节长短期相结合的特点，充分调动了群众的种植积极性，为群众找出一条致富新路子。目前，该基地已种植罗汉果、黑老虎、百香果等中药材，并在全市率先采用"智能农业云平台监控系统"，实时掌握药材生长状况、基地环境变化趋势及基地状况，有利于实时掌握作物生长情况和产业基地状况，提高了产业种植的科技含量。

（3）引进"空店"模式，不断掀起扶贫新篇章

积极引进"空店科技"，成功让"空店"落地五福村，鼓励和引导贫困户将自家种植、养殖及自酿的"土货"拿到"空店"销售。2017年，空店收货模式已为全村贫困户销售农村土货30余万元，共有76户贫困户参与其中，占全村88户贫困户的86.36%，户均增收3947元。其中，长岗岭屯的贫困户李水英，通过空店将自家的珍珠李、板栗、核桃、腊肉、鸡蛋、菜干等农产品卖出，共获得收入11000多元；长岗岭屯的贫困户房文军，通过空店模式已卖出了15000多元的自家农产品。通过在本村发展产业，解决群众在家门口就业的问题，同时通过聘请村屯清洁员、护林员等解决了7人就业。

4. 村容村貌、生态环境

为加强村容村貌整治工作，优化村屯人居环境，2016年五福村29个自然屯都建立了简易垃圾池。2017年村里建立了一个生活垃圾焚烧处理场，对从全村简易垃圾池运送来的生活垃圾进行焚烧处理。同时，聘用了5名村屯保洁员，对各屯队公共区域进行日常保洁工作，使村屯内生活环境得到改善。并且聘请了2名护林员，为保障村域内生态环境做出应有贡献。

5. 壮大村集体经济收入

为了使村集体经济发展实现长短结合，长期增收，县委县人民

政府筹集资金，为五福村引进了光伏产业项目。在村委办公楼顶购置和安装光伏发电设备，与国家电网实行并网并管，国家电网以每度电九毛五的价格补贴给村委会，光伏发电项目每年可为村集体经济稳定增加 3000 元左右的收入。据观察，村委办公楼顶的光伏发电项目规模较小，还有两块光伏发电板正在筹备建设当中。

动员县办企业与五福村"村企联营"。五福村实行"村企联营"集体经济入股模式，投入资金 35 万元到县城投公司参与两间门面进行联营出租，按照当前县城店铺每间每月租金 0.2 万元计算，每年村集体经济收入可实现 2 万元左右。

三、脱贫攻坚成效

（一）贫困人口、发生率变化情况

经过三年多的脱贫攻坚战，五福村农民人均收入有较大提高，贫困人口规模持续缩小。2015 年年底精准识别时，全村贫困人口 117 户 466 人，当时的贫困发生率为 17.47%。截至 2018 年年底，五福村还有 16 户 62 人未脱贫，贫困发生率降至 2.32%。2015 年，五福村建档立卡贫困人口人均可支配收入为 3100 元，2018 年年底增加到 4300 元，增加了 38.7%，年均增长近 13%。

（二）村容村貌、基础设施、公共服务改善情况

目前，全村 34 个村民小组，已有 33 个通硬化道路，6 个屯安装了太阳能路灯，已建成公共文体活动场所 2 处，篮球场 2 个，戏台 2 个，公共卫生室 1 个，农家书屋 1 个。

从取得的改善效果来看，五福村建成了一些公共基础设施，提高了公共服务的能力和水平。全村基本上已通硬化道路，建成

的文化活动室满足了村民日常开展文化活动的需要。篮球场和戏台为村民提供了日常娱乐的活动场地，农家书屋的落成有利于丰富村民的精神世界，进一步提高村民的文化素质。

（三）村民就业和收入、村集体经济收入情况和村民的生产生活情况

脱贫攻坚期间，贫困人口收入稳步增长，2018 年人均稳定收入已达到 4300 元。村集体经济从无到有，2016 年收入 1 万元，2017 年收入 2 万元，2018 年收入 4.45 万元。

贫困户人均可支配收入从 2014 年到 2018 年的涨幅是 1200 元，2014 年和 2015 年持平，没有发生变化。从 2015 年开始出现了逐年上涨的情况，且 2015 年到 2016 年的上涨幅度最大，提高了 800 元左右。村集体经济收入变化相对来说较为明显，以 2017 年到 2018 年为例，增长了 2 万多元，村集体收入从无到有，一直持续稳步增长。

（四）产业发展，生产经营、组织方式的变化情况

建成珍珠李示范基地 1 个，发展珍珠李总面积 4000 多亩、中药材 150 多亩。2019 年，养殖猪 1439 头、鸡 1.1 万羽，实现产业发展"多点开花、多点收益、多条腿走路"。珍珠李产业发展迅猛，种植规模进一步扩大、参与农户也日益增多，中药材种植效益也逐步提升，同时五福村也是电商扶贫的示范点。

（五）乡风文明、内生动力情况

通过积极宣传党和国家的政策法规，进一步加强了思想扶贫

力度，切实改变贫困群众"等靠要"思想，增强内生动力，实现"要我脱贫"到"我要脱贫"的转变。目前，群众茶余饭后不再打麻将、打牌，而是聚在一起商讨产业发展，开展健身活动等。邻里关系更加和谐，生活变得更美好。

（六）基层组织建设情况

基层党组织的完善和发展在整个五福村的扶贫工作中起到带领和后盾的作用，"十三五"以来，村两委班子稳定、村支书领导协调作用明显，班子团结协作。新发展正式党员 1 名，预备党员 3 名，入党积极分子 3 名。

从以前村党组织不够健全、党员老龄化现象严重、部分老党员参与基层党组织生活积极性不高，到现在"两委"班子齐全稳定，基层党组织活动积极有序，党员活动室也建立了起来，这得益于基层党组织建设的完善和积极发展，充分发挥了党建工作的引领和指导作用。2018 年，五福村党总支部获得广西壮族自治区四星级基层党组织的称号，这是对五福村开展基层组织建设工作的充分肯定，说明五福村基层党组织建设工作成果突出。

四、脱贫攻坚典型经验

五福村是广西区级贫困村，2016 年年底出列。整个村庄位于大石山区，耕地资源相对稀少，发展生产不仅受到地域限制，如何在有限的耕地上取得较好的农业效益也成为重大难题。在有效解决贫困人口教育、医疗、住房保障问题的同时，五福村将产业就业发展和基础设施建设作为主要任务，尤其在特色产业方面积极改进技术，培训并提高农户管护能力与水平，提高产业效益。在全力推进脱贫攻坚过程中，五福村形成的经验主要包括：

（一）"科技＋产业"的扶贫模式成为脱贫攻坚的先手棋

按照习近平总书记关于产业扶贫思想的重要指示精神，推进产业扶贫精准化。五福村结合当地的产业现状和发展前景，因地制宜推出了"科技＋产业"的扶贫发展模式。"科技＋产业"模式的特点在于：一是可以通过科技作为支撑点先行起到带头示范作用，吸引农户加入；二是对农户进行关于种植技术和管护能力的培训，运用科技的手段减少生产风险和发展增收；三是可以调动农户的生产积极性，通过引进电商和销售会的形式解决产品销售问题，解决农户的"后顾之忧"。

1. 因地制宜，找准特色产业

发展特色产业一定要结合当地的资源禀赋和比较优势，产业的数量不在于多而在于精和准。产品的市场销路好、环境条件允许以及有支撑手段帮助应对种植和市场风险，就能提高农户种植的积极性，吸引农户主动参与。五福村本身土地资源稀少，可利用土地面积不大，所以选好发展产业方向就显得格外重要。

珍珠李之所以成为主导产业是有着天然优势和科技指导作为支撑的。首先，五福村是龙滩珍珠李的发源地，珍珠李的发现人就是五福村人，这对五福村发展珍珠李产业有着特殊的意义。其次，珍珠李本身肉质脆爽、口味香甜，而且晚熟，在市场上深受欢迎，这是珍珠李得天独厚的优势。最后，自治区科技厅作为五福村帮扶单位提供了重要的科技手段，与五福村发展珍珠李产业契合度高。从前，珍珠李在五福村受技术条件、病虫灾害等因素的影响，农户的种植意愿并不强。自治区科技厅通过选派科技特派员定期或不定期进村进行科技服务工作，以身作则，起到示范带头作用，帮助农户培训种植技术、提升管护能力，又进行了品种改良和推广，减少病虫灾害的发生。自治区科技厅充分发挥了自身的优势和特长实实在在推进了珍珠李特色产业的发展，也提高了农户的种植意愿和发展的积极性。

珍珠李自身良好的品质条件和五福村作为发源地的"品牌效应"以及自治区科技厅帮扶措施与珍珠李产业的内在契合性，形成了五福村发展珍珠李产业的动力。具体思路就是：坚持科技与珍珠李产业相结合，通过科技手段开发培育新品种，减少病虫害，增强抵御种植风险能力以及进行大力推广，将五福村和珍珠李牢牢绑在一起，打造"产品名片"，在市场上形成竞争力和提高知名度。

2. 创新种植方法，拓宽产品销售渠道

群众想要有稳定的收入必须要有稳定的产业依靠，面对五福村土地资源匮乏、可种植面积稀少的现实困境，如何在有限的土地上取得较好的产业收益是要去研究和解决的问题。有针对性地挑选种植作物，扩大种植空间和提高土地利用率，再辅以科技手段强化，最后从线上线下协调好产品销售路径，将市场风险控制在可承受范围内，这是拓宽群众增收的新路子。

为了充分调动农户以及各个参与主体的积极性，五福村采取"党组织＋基地＋合作社＋公司＋农户＋集体经济"的模式。五福村还与桂林亦元生现代生物技术有限公司签订了中药材种植合作协议，在五福村下田洞屯种植150亩富硒无籽罗汉果套种厚叶五味子，发挥了两种药材架上架下立体空间互补的优势，收获季节长短期相结合。这样节省了种植空间，提高了有效种植面积，并且两种中药材的收获周期互补，避免了出现土地闲置的问题。

最后就是解决农产品的市场销售问题，县党政主要领导带队到南宁、桂林、深圳等地摆摊设点、举办推介会，进行宣传销售生态特色农产品的活动。同时注重发展电商，搭建了"互联网+"销售平台，引进淘宝、京东等平台空店。每年还举办产业扶贫电商直销的直播活动。无论是从线上还是线下，通过这些宣传与销售手段逐步打开了市场，形成了一定的品牌效应，有效解决了农产品及"土货"的销售问题。

（二）加强基层党组织的凝聚力战斗力是脱贫攻坚的重中之重

自治区科技厅派驻天峨县的7名第一书记和工作队员，入驻时就成立了科技厅派驻天峨县脱贫攻坚工作队临时党支部。临时党支部以抓好各驻村第一书记思想建设为根本，以解决各帮扶村突出问题为重点，每月召开工作例会，研究各村"党建+扶贫"问题，严格要求各驻村第一书记牢记驻村使命，在帮扶村树立一面旗帜，加强基层党建，有效提升基层党组织凝聚力、战斗力。在第一书记的带领下，五福村党支部从做好干部、党员、群众的思想工作入手，"喊破嗓子，不如做出样子"，动员党员刨掉自家地里的玉米，试种了珍珠李、药材等，带头先行先试，走好脱贫路子，给群众吃了"定心丸"、打了"强心针"，有效带动群众形成了一个艰苦奋斗的创业共同体。同时，支部的5名党员、2名积极分子组建了合作社，由村党支部书记朱彩云兼任合作社党支部书记，通过发挥合作社引导作用，五福村村集体经济实现了从无到有，全村产业调整做得有声有色，有效推动脱贫攻坚深入地开展。

习近平总书记指出，要"抓好党建促脱贫"，"帮钱帮物，不如帮助建个好支部",要把夯实农村基层党组织同脱贫攻坚有机结合起来。贫困村能否脱贫致富,关键在于是否有一个坚强的能带领群众脱贫致富的基层党组织。农村基层党组织长期扎根在脱贫攻坚第一线,是党和群众联系的纽带与桥梁。基层干部在宣传扶贫政策、协调各方行动和分配资源方面发挥着重要作用,所以基层党组织的凝聚力与战斗力直接关系到脱贫攻坚的质量。选好配强村两委班子,加强对基层干部的培训、不断激发能力素质、提升责任心,使基层干部成为脱贫攻坚的先行者和领路人,是带领贫困群众脱贫致富的第一步。基层党组织和干部只有自身过硬、不断进取,才能有说服力,也能让贫困群众更有信心和勇气,也有利于基层干部和贫困群众一起勇于探索脱贫新路径,培养脱贫攻坚中的创新精神。

(三)激发内生动力是脱贫攻坚的关键

落后被动的脱贫思想,往往形成安贫守分、听天由命、不思进取、"等靠要"等封闭保守的观念,这是脱贫攻坚过程中贫困群众内生动力不足的典型表现。习近平总书记在党的十九大报告中明确指出,"注重扶贫同扶志、扶智相结合",要进一步充分认识到贫困群众的内生动力在整个脱贫攻坚工作中的重要作用。政府的扶贫政策和措施是一方面的重要举措,贫困户的思想观念以及坚决脱离贫困的决心和信心也十分重要,这关系到贫困户的主动性、积极性是否能够调动起来。只有贫困户愿意并且主动参与进来,国家的帮扶政策和措施才能充分发挥出真正的作用和效能,甚至能超出原本的预期与效果。

关于如何保持现有扶贫成效、进一步巩固脱贫成果和提高脱贫质量，习近平总书记于 2018 年 2 月在打好精准脱贫攻坚战座谈会上就提高脱贫质量等再次强调了"注重激发内生动力"的要求。可以说激发内生动力在脱贫攻坚工作中起着举足轻重的作用，只有形成内外合力才能够实实在在地推进脱贫攻坚。五福村把转变群众思想观念作为首要任务，多次带领贫困群众到先进村屯考察学习，并要求帮扶干部进村入户，采取座谈会等方式，宣讲国家政策、文化知识，让贫困群众认识到，苦熬没有出路，苦干才有希望，从内心觉得贫困可耻。从而调动群众的积极性，以更加振奋的精神状态，自力更生，艰苦奋斗。

五、结论与政策建议

（一）结论

五福村地广人稀，山高坡陡，大石山区占比较大。田地单块面积小，肥力弱，不适宜机械化耕作，更难形成规模化种植，全村可用耕地只有 5134 亩。五福村远离县城，交通不便，种植作物难以及时进入市场产生收益。在此结构背景下，五福村在上级党委、政府的支持下，在村两委的引导和带动下，五福村村民"敢叫日月换新天"。一是构筑了一个具有比较优势的产业——珍珠李产业。在"产业＋科技"模式下，珍珠李产业发展能力不断增强，带动了贫困户脱贫解困。二是增加的公共服务（教育、医疗、住房、道路等）方面的投入，为脱贫攻坚夯实了坚固的社会基础。三是注重调动社会资源，激发贫困户脱贫致富的内生动力，为村庄的可持续发展奠定了基础。在此基础上，五福村走出了一条具有村域特色的脱贫攻坚路径。

（二）政策建议

为了更好地巩固脱贫攻坚成果，推动五福村全面实施乡村振兴，提出如下政策建议：

1. 下好科技助推产业这着先手棋

产业兴则乡村兴，而科技则是推动农村产业发展的关键。要实现乡村振兴、产业兴旺，关键问题应该在于着力发展科技创新，善于运用科技这一利器，大力发展农村生产力，为农业转型升级提供强大支撑。一是要对本村选定的特色产业进行科学长远的规划，包括产前、产中、产后的规划，延长产业链。二是要着力加强农业科技创新，包括新品种、配套新技术、新方法的研发与科学引领与示范，加快农业技术转移和成果转化。

2. 进一步优化电商扶贫力度

电商扶贫是农户增收的重要途径，在巩固脱贫攻坚成果、实施乡村振兴战略的过程中，必须鼓励更多农户参与进来。要进一步扩大电商与贫困村产业的合作范围，深化和细化收购过程中的衔接性问题，积极发挥特色产业专业合作社的作用。充分凸显"科技＋产业"模式的可行性，整合各类社会资源，对有意愿和能力发展产业的农户进行农业技术的培训，提高农业技术的实用性和科学性，帮助形成农产品质量高和供货稳定性强的新局面。优化完善激励结构，出台针对农村电商的奖补政策，收益增加了，农户的积极性也就被调动起来了。

（本案例执笔人：程秀萍　刘飞）

案例点评

习近平总书记指出："产业扶贫是最直接、最有效的办法，也是增强贫困地区造血功能、帮助群众就地就业的长远之计。要加强产业扶贫项目规划，引导和推动更多产业项目落户贫困地区。"五福村广大党员干部群众在习近平扶贫论述的指引下，依据自身资源禀赋将珍珠李作为带领贫困群众脱贫奔小康的主导产业。在第一书记的带领下，五福村党支部从做好党员、干部、群众思想工作入手，"喊破嗓子，不如做出样子"，组织村两委干部、致富能人、贫困户成立专业合作社。在省科技厅的助力下，五福村坚持将科技与珍珠李产业相结合，通过科技手段开发培育新品种，减少病虫害，通过培训提高农户的管护能力和种植水平，增强抵御种植风险能力，并大力推广，将五福村和珍珠李牢牢绑在一起，打造"产品名片"，整村推进产业发展。五福村引进"空店"模式，不断掀起扶贫新篇章。经过几年的脱贫攻坚，五福村发生了巨变。贫困户的收入大幅改善，村集体收入不断提高，村容村貌不断优化，基层党组织的凝聚力和战斗力进一步增强，群众发展经济的内生动力不断激活。在乡村振兴的伟大征程中，五福村将继续以"产业＋科技"的优势续写经济发展与民生改善的新篇章。

（点评人：刘飞，华中师范大学社会学院副教授）

第四章

和律村：

党建引领集体经济发展带动脱贫

和律村位于广西壮族自治区来宾市武宣县桐岭镇中南部，距镇政府所在地2公里，距县城19公里，是广西壮族自治区级"十三五"贫困村。2019年9月，华中师范大学课题组来到和律村，对该村进行贫困村脱贫攻坚经验总结调查，在对收集资料进行定量与定性分析的基础上，完成本报告。

一、脱贫攻坚战基期村庄概况

（一）人口与资源

和律村地形以丘陵为主，村域面积为6平方公里，是少数民族聚居村，民族成分以壮族为主，占比98.7%。和律村下辖7个自然村，27个村民小组，在村庄地理位置分布上，自然村相互间距离较近，呈集聚状态。2015年年底，和律村总人口为1476户5919人，常住户数为1258户，常住人口3707人，劳动力总数为4018人，外出务工时间持续超过半年以上的有2212人。全村有低保人口146户341人，有建档立卡贫困人口305户1224人，贫困发生率 20.68%。

和律村是典型的喀斯特地貌，耕地面积 4070 亩，其中水田面积 2200 亩，旱地面积 1870 亩，人均耕地面积 0.68 亩，林地面积 3980 亩，人均林地面积 0.67 亩。和律村水资源条件较好，2200 亩水田均能得到有效灌溉，牧草地面积为 0 亩，另外有养殖水面面积 280 亩。北回归线和 209 国道穿境而过，和律村距桂林—来宾高速出入口 8 公里。可以看出，和律村自然条件相对较好，交通条件便利，然而人口众多，人均发展资源少。

表 4-1　2015 年和律村脱贫攻坚基期人口与资源情况

调查指标	单位	指标值
总户数	户	1476
总人口数	人	5919
劳动力人数	人	4018
贫困户数	户	305
贫困人口数	人	1224
低保户数	户	146
低保人口数	人	341
耕地面积	亩	4070
其中：有效灌溉面积	亩	2200
林地面积	亩	3980
牧草地面积	亩	0
养殖水面面积	亩	280

（二）基础设施

在交通道路方面，得益于村庄地形和集聚状态，7 个自然村全部通公路，所有自然村的通组道路面均经过硬化处理。村镇地距最近的公交车站点距离为 0.5 公里。在电力基础设施方面，

2015 年有 7 个自然村全部通生活用电、全部通生产用电。在通信服务基础设施方面，7 个自然村全部实现通电话（包括手机移动电话），稍微偏远的自然村，移动电话的信号比较弱，通话质量不佳。在通有线电视方面，7 个自然村全部通有线电视信号。在通宽带方面，7 个自然村全部通网络宽带。在饮水设施方面，经过集中净化处理的自然村为 6 个，还有 1 个村尚未实现饮用水的净化处理。在乡村卫生方面，7 个自然村卫生厕所全覆盖。

表 4-2　和律村脱贫攻坚基期基础设施状况

调查指标	单位	指标值
本村自然村个数	个	7
其中：通公路的自然村个数	个	7
主干道路面经过硬化处理的自然村个数	个	7
通生活用电的自然村个数	个	7
通生产用电的自然村个数	个	7
通电话的自然村个数	个	7
通有线电视信号的自然村个数	个	7
通宽带的自然村个数	个	7
饮用水经过集中净化处理的自然村个数	个	6
实现卫生厕所全覆盖的自然村个数	个	7

（三）生计渠道

和律村农民收入主要依靠种养业和外出务工。在种植业上，以种植水稻、玉米等粮食作物为主，粮食生产用于满足家庭消费。部分农户外出务工，土地大多留给亲属耕种，一些农户粮食种植面积因此增加不少，富余粮食进入市场销售。和律村特色农业有哈密瓜、柑橘等。在养殖业上，以养殖鸡、鸭、猪、牛等为主，主要是农户小规模养殖。2015 年，和律村已有 4 个农民专业合作社，村内开设的一些企业，促进了村民收入多元化，他们可在发展农业之余到村内企业或者专业合作社务工获取工资性收入。2015 年和律村集体经济收入为零。

（四）贫困状况

2015 年和律村农民人均可支配收入 5259 元。经过精准识别，全村建档立卡贫困人口 305 户 1224 人。贫困人口主要致贫原因分布如下：因学致贫 92 户 430 人，占比 30.16%；因病致贫 88 户 371 人，占比 28.85%；因残致贫 35 户 118 人，占比 11.47%；缺技术 29 户 87 人，占比 9.51%；缺劳动力 23 户 88 人，占比 7.54%；自身发展动力不足 21 户 68 人，占比 6.88%；缺土地 9 户 32 人，占比 2.95%；缺资金 8 户 30 人，占比 2.62%。2015 年贫困农户人均可支配收入为 3208 元，远低于全村的平均水平，其中生产经营性净收入为 106 元，工资性收入为 2560 元，转移性收入为 282 元，财产性收入为 260 元。工资性收入也是贫困农户收入的最主要来源，而因学致贫和因病致贫是和律村贫困农户的主要致贫原因。

二、脱贫攻坚资金投入与举措

（一）脱贫攻坚投入情况

2015 年以来，和律村累计获得各类扶贫资金共计 3089.86 万元，其中财政资金 2489.86 万元，占比 80.58%；整合涉农资金 195 万元，占比 6.31%；信贷资金 402 万元，占比 13.04%；社会捐赠资金 3 万元，占比 0.07%。财政扶贫资金是和律村脱贫攻坚最大的资金来源，整合涉农资金和社会捐赠资金所占比重较少。

在扶贫资金投向上，用于农业产业发展共计504.11万元，并且主要用于农业生产设施改善。投入108万元用于产业路改造、占比21.4%，投入45.6万元用于塘莲抗旱灌溉工程、占比9%，投入45万元用于产业路硬化、占比8.9%；投入135万元用于镇级农业示范区、占比26.8%，投入35万元用于县级农业示范区、占比7%。和律村人均森林保有量少，林业发展没有投入。扶持农户发展种养业上（如以奖代补等）投入了135.51万元，占比26.9%。

村庄基础设施建设共计投入1136.68万元。其中农村饮水安全工程投入83万元，占比7%，用于改善两个自然村的饮水设施，其中48万元用于司律村的人饮工程建设，35万元用于新兴村的人饮工程建设；农村水电设施投入629.5万元，占55%，其中350万元用于电网改造，279.5万元用于水利工程；农村危房改造318.86万元，占比28%，其中66.93万元用于改厨改厕，占比5.8%；村村通电话、互联网覆盖等农村信息化建设10万元，占比0.8%。

村庄公共服务设施共计投入38.6万元。其中投入10万元用于改善村委办公条件和党建公开栏，占比26%；投入28.6万元用于建设福隆、塘莲等自然村共3个灯光球场和3个戏台建设，占比74%。在教育设施投入上，和律村靠近乡镇，村庄适龄儿童均到乡镇学校上学，没有教育设施投入。在人力资本投资上，和律村获得投资100.07万元，其中13.06万元用于培训补贴、占比13%，投入58.06万元用于建档立卡贫困人口医疗报销、占比58%，28.95万元用于实施雨露计划、占比29%。

（二）脱贫攻坚主要措施

1. 加强基础设施建设，积极改善村容村貌

生产生活基础设施是和律村脱贫发展的突出短板。脱贫攻坚打响后，和律村积极争取政府资金用于基础设施建设，显著改善村庄基础设施条件。其中55%的基础设施建设资金用于农村水利建设，解决制约农业产业发展的短板。使用扶贫资金安装80多盏太阳能路灯，建设4个灯光球场、4个村戏台、3个屯级综合服务楼、硬化10条巷道，有效提升了村庄公共服务水平。2018年，和律村被评为来宾市"宜居乡村综合示范村"，塘莲屯被评为"来宾市文明守法屯""全区绿色村屯"。2019年雅度屯被列为全县三清三拆示范村重点打造。

2. 强化产业扶贫，促进贫困人口增收脱贫

脱贫攻坚以来，和律村创新实施"合作社＋村集体＋党员＋贫困户"等产业发展方式，先后扶持建立了8家合作社（农业公司）。2016年5月，成立兴农哈密瓜种植专业合作社，吸收第一批社员15人，其中3名党员入股9万元，村里6户贫困户通过小额信贷入股18万元，每户贫困户占股8.5%。经过几年发展壮大，兴农哈密瓜种植专业合作社从最初的10户发展到57户股东（其中11名党员、50户贫困户），种植规模从初期的20亩扩展到260多亩，年销售收入139万元。注册"桐岭金美人"哈密瓜系列商标，获绿色食品认证。同时通过招商引资1350多万元，动员村庄经济能人、返乡人才创业带富。经过努力，先后建成"千亩哈密瓜扶贫产业园""千亩返乡人才创业扶贫产业园""万头生猪扶贫产业园"，和律村实现年产值5000多万元，吸收150户贫

困户入股参与经营分红。2017年和律村以哈密瓜为主导产业获评"全国一村一品示范村"。2019年7月，哈密瓜基地被评为"全国巾帼脱贫示范基地"。

3. 推行"村社股份制"合作模式，发展壮大集体经济

"手中无米，叫鸡不理。"为进一步发展壮大村集体经济，和律村党支部以创建"宜居乡村"示范村为契机，以哈密瓜基地为核心区域，创建面积为1000亩的"瓜果飘香"现代农业示范园区。通过招商引资，发展壮大乡村产业。把上级拨付的财政扶贫资金256万元转为村集体经济发展股金，以166万元入股兴农哈密瓜种植合作社，占股72.46%；以50万元入股生猪扶贫产业园，占股15%；以21万元入股成立武宣县第一书记农产品直营店，占股35%；以15万元入股三华李合作社，占股70%。2018年，和律村实现集体经济控股参股合作社实现营收169.2万元，村集体经济营收108.5万元。集体经济实现从无到有、从小到大、从单一到多元化的重大转变。

三、脱贫攻坚成效

（一）贫困人口收入显著提高

经过脱贫攻坚，和律村农民人均收入大幅提高，贫困人口规模持续缩小。2015年和律村建档立卡贫困人口人均纯收入为3208元，2018年年底增加到4236元，增加了1028元。从贫困户收入结构变化看，2015年和律村贫困农户生产经营性净收入106元、占比3.3%，工资性收入2560元、占比79.8%，转移性收入282元、占比8.8%，财产性收入260元、占比8.1%。2018年生产经营性净收入增加至 168 元、占比 3.96%，工资性收入增加至 3340 元、占比 78.8%，转移性收入增加至 347 元、占比 8.1%，财产性收入增加至 381 元、占比 9.14%。除了各类收入均有所增加外，2018 年贫困农户农业生产经营性收入比重和财产性收入比重均比 2015 年有所增长，其中生产经营性收入占比提高了 0.66 个百分点，财产性收入增加了 1.04 个百分点。而工资性收入下降了 1 个百分点，转移性收入下降 0.7 个百分点。这一方面表明，务工收入仍是贫困人口的主要收入来源，另一方面也表明贫困农户积极参与到村庄产业扶贫中，依托村庄的产业发展实现了农业收入和财产性收入的增加。

（二）村庄基础设施显著改善

经过脱贫攻坚，和律村的基础设施全面提升。村组道路水泥硬化路比例达到 100%。全村所有自然村均通上了生产生活用电。村内接通了光纤宽带、广播电视信号全覆盖，通讯服务基础有效提升。农民饮水设施质量得到显著提升，农民饮用水安全比例达到 100%。45 户农户的危房得到了全部改造，2 户贫困户接受了易地扶贫搬迁，村民住房安全得到有效保障。全村使用卫生厕所农户比例达到 80%。

表 4-3　和律村基础设施

调查指标	单位	指标值
本村自然村个数	个	7
其中：通公路的自然村个数	个	7
主干道路面经过硬化处理的自然村个数	个	7
通生活用电的自然村个数	个	7

表 4-3 和律村基础设施

调查指标	单位	指标值
通生产用电的自然村个数	个	7
通有线电视信号的自然村个数	个	7
通宽带的自然村个数	个	7
饮用水经过集中净化处理的自然村个数	个	6
危房改造户总数量（2016—2018 年三年累计数据）	户	45
易地扶贫搬迁户数量（2016—2018 年三年累计数据）	户	2

（三）公共服务水平有效提升

经过脱贫攻坚，和律村公共服务水平显著提升。两免一补等教育扶贫政策得到有效落实，因学致贫现象得到有效遏制。村内建设了 3 个卫生室，贫困农户参加合作医疗保险和大病医疗保险比例 100%，因病致贫情况得到极大缓解。通过公共文化设施建设，全村有 4 个灯光球场、4 个村戏台、3 个屯级综合服务楼，显著提升了村民的生活质量。另外，设立乡村保洁员等公益性岗位 8 个，既改善了村庄卫生清洁情况，也增加了贫困农户收入。

表 4-4 和律村公共服务信息表

调查指标	单位	指标值
行政村卫生室个数	个	3
行政村卫生室全科医生数量	人	3
贫困户参加合作医疗人数	人	1212
贫困户加入大病医疗保险人数	人	1212
贫困户购买大病医疗补充保险人数	人	1212
是否有文体活动场所 / 图书室 / 文化室	个	是

（四）村级治理能力有效提升

村级治理能力是贫困村打赢脱贫攻坚战的重要基础，而基层组织是村级治理的重要载体。加强村级组织建设特别是村两委班子能力建设是提升村级治理能力的重要方式。2015年之前，和律村党组织缺人、缺钱、缺项目，村委号召力不强。为改变村党支部和班子缺乏凝聚力、战斗力的情况，和律村从实施农村"星级化党员"动态管理和评分定级登记工作入手，推行农村"党员分类管理·评分定星"办法。结合年龄、行业、流动情况、健康状况等实际，将农村党员分为"创业类""管理类""老弱类""外出类"等4个类别，不断增强党支部的凝聚力，激发全村党员干事创业的热情，带动贫困农户发展产业，走出一条"党建带扶贫，扶贫促党建"的新路子。2016年和律村农村党员"分类管理·评分定星"做法得到广西壮族自治区领导的肯定性批示。2018年和律村党支部被评为广西壮族自治区四星级党组织、来宾市先进基层党组织。脱贫攻坚之前村庄基层党支部战斗力不强，支委成员在群众中没有号召力的面貌得到彻底改变。

（五）内生动力和乡风文明的变化

激发贫困村、贫困人口的内生动力是实现扶贫方式由"输血式"到"造血式"转变的关键。和律村人多地少，村民们产业结构单一，除种甘蔗没有其他更好的产业选择。脱贫攻坚以来，和律村大力发展哈密瓜、云耳、胭脂李等产业和生猪等养殖产业。在上述产业的组织发展过程中，和律村党支部注重强化贫困群众与发展资源、合作经营的效益联结机制，使扶贫产业真正成为增强群众自主发展产业意识、提升贫困群众自主发展能力的助推器，再造贫困群众内生发展能力，让群众持续受益，永久受益。贫困农户依托哈密瓜产业合作社实现了"一地生四金"，即租金，贫困户将土地以每亩 1000 元的价格流转给合作社种植哈密瓜，坐收"土地租金"；薪金，贫困户参与产业合作社发展，学到了新型农业经营主体创设、运营、管理等方面的技术和经验，每天按照 70 元的标准获得"务工薪金"；扶助金，贫困户通过发展哈密瓜等特色种植产业获得扶贫产业扶助金（小额信贷）；红利金，贫困户入股合作社，获得入股分红，分享产业发展红利。在乡风文明建设上，和律村村委组织村民共同制定村规民约，从村风民俗、社会秩序、乡村建设、家庭安乐等方面对村民的行为进行规范和约束。而在乡村民约的约束下，和律村的赌博、盗窃、抢劫事件、判刑人数以及接受治安处罚人数都得到明显减少。村民彻底根除了"乱扔乱丢，脏了扫扫"的坏习惯。村里建设了各种文化娱乐设施，村民闲暇无事便打牌、喝酒猜码等现象也消失了。

（六）贫困面貌的变化

脱贫攻坚期间，和律村贫困人口从 2015 年的 305 户 1224 人减少到 2018 年年底的 46 户 173 人，贫困发生率从 2015 年年底的 20.68% 下降到 2018 年年底的 2.86%，成功实现了脱贫摘帽。2020 年年底和律村如期实现了建档立卡贫困人口全部脱贫。经过脱贫攻坚战，和律村的面貌发生明显改变。水、电、路、网等突出短板加快补齐，基础设施和公共服务领域主要指标均得到显著提升，城乡居民基本医疗保险、大病医疗保险实现全覆盖，无义务教育阶段因贫失学辍学问题，住房安全得到有效保障。

四、脱贫攻坚的主要经验

（一）以"支部引领，村社合作"发展村集体经济

"火车跑得快，全靠车头带。"为改变村集体经济"空壳村"的现状，和律村在强化村党支部建设后，第一书记、村支部书记等通过深入调研论证选择以哈密瓜作为发展村集体经济的产业，并注册成立了村委投资入股的兴农哈密瓜种植专业合作社，理事长由村党总支部书记担任，选举村两委成员、产业能人作为合作社经营管理人员，制定章程和管理制度，建立收益分配办法。同时聘请专业人才作为技术指导。村党支部整合扶贫资金入股合作社（村集体股份），积极动员党员、贫困农户入股。合作社雇用贫困劳动力进行田间管理。合作社设立生产部、营销部等部门，每个部门由党员骨干担任负责人，实行分工负责制。理事长负责合作社总协调，第一书记负责政策信息对接、产业发展指导、销售策划等。专业合作社财务人员由村委财务人员兼任，确保集体经济股本股金安全。技术人员由党员骨干担任，通过技能、管理入股，达到一定产值后获得技术入股分红。在村党支部的引领下，和律村兴农哈密瓜种植专业合作社的哈密瓜产业探索获得成功，2016 年村集体经济收入达到 2.6 万元，2017 年村集体持有股份进一步增加，占比达到 72.46%，当年获得入股分红 57.9 万元。2018 年，在哈密瓜产业获得成功的基础上，和律村党支部以"宜居乡村"示范村为契机，争取到上级扶贫配套资金创建面积 1000 亩的"瓜果飘香"现代农业示范产业园。在村党支部的引领下，8 家果蔬种植专业合作社、3 家特色养殖合作社、1 家农业发展公司入园，辐射带动 220 户 695 人参与村集体经济产业发展。和

律村壮大村集体经济的经验是通过村党支部引领发展壮大集体经济。村党支部引领发展村集体经济具有天然优势：一方面村级党组织是村庄的核心组织，对吸纳政府扶持资金具有优势，确保了产业发展资金的投入，另一方面村党支部能动员产业技术型党员参与产业发展，为产业可持续发展提供了人才保障。村党支部引领发展村集体经济还能促进贫困群众参与村集体经济之中，确保贫困群众在产业发展中获益，因为发展村集体经济和贫困人口脱贫都是贫困村基层党组织的重要任务。

（二）以农村党员分类管理提升村级治理能力

农村党员是贯彻落实党在农村各项方针、政策的中坚力量，是实现带领村民脱贫致富的主力军，对村级治理能力和水平产生重要影响。习近平总书记指出："帮钱帮物，不如帮助建个好支部。"[①]精辟地阐释了党的基层组织建设在打赢脱贫攻坚战过程中的思想引领、政治动员、服务群众等方面的带头作用。在脱贫攻坚之前，和律村党组织软弱涣散，党员带领群众干事创业的积极性不高，村级党组织号召力不强。为改变这种状况，和律村以建强支部作为脱贫攻坚战的逻辑起点，强化党建支撑，实行党员分类管理制度，推行党员分类管理"评分定星"办法，激发全村党员干事创业热情的同时，增强村级组织治理能力。具体而言，一是按龄按业分类，提高农村党员管理的针对性。根据党员年龄、行业、流动、健康等，把村庄党员分为"创业类""管理类""老弱类""外出类""志愿类"等五大类型,实行差异化管理，如对"创

---

① 中共中央党史和文献研究院：《习近平扶贫论述摘编》，中央文献出版社 2018 年版，第 42 页。

业类"党员，实行"引领式"管理，重点开展"党旗领航·产业脱贫"活动，发挥党员引领产业发展、带动脱贫攻坚的作用。二是按季按年积分，促进农村党员评价的精准化。通过"一季一评、年度总评"的办法，实行"季度积分＋年度评议得分"，党员加分、失分都有依据，得分不再是"印象分""感情分"，党员评价结果的准确性、真实性、权威性都得到了很大的提高。三是以分定等评星，激发农村党员干事创业的积极性。在分类管理、按季积分、年度总评的基础上，实行一年一定等一评星一登记的办法，鼓励先进、鞭策后进，稳妥处置不合格党员。通过"分类管理·评分定星"的创新做法，和律村有效激发了党员干事创业的积极性、创造性，使得广大党员自觉参与脱贫攻坚，发挥先锋模范作用，带动贫困群众脱贫，进而强化了党支部的组织能力和动员能力，为党支部领导村民发展提供了有力支撑（如发展哈密瓜产业等）。

（三）以集体经济发展带动贫困群众脱贫

发展市场经济是贫困群众脱贫致富的重要路径。然而，贫困农户往往缺少发展的资金、技术甚至劳动力，通过企业、合作社、家庭农场等新型经营主体带动贫困群众参与市场经济活动是我国扶贫的重要方式。和律村实施的则是以村党支部主导的村集体经济带动贫困群众脱贫。其成功经验可以概括为"三链富民"，即支部建立产业链，党员聚在产业链，群众富在产业链。具体而言，村党支部引领成立产业发展合作社并主导合作社的运营和集体经济产业发展过程，吸纳优秀党员加入合作社，通过扶贫政策吸纳贫困群众参与合作社和集体经济建设，实现党支部、优秀党员、贫困群众在村集体经济产业链上的"聚集"。在党支部的引领下，依靠技术性党员能人的产业经营能力实现以合作社为平台的村集体经济不断发展壮大。贫困农户在参与村集体经济发展中，产业发展技能获得提升，并且获得土地租金、务工薪金、入股分红等多种收益，最终实现了脱贫致富，提升了发展能力。如和律村贫困户陈小莉。2016年丈夫病逝，她想过外出务工挣钱，可又苦于无人在家照顾孩子。村党支部成立合作社后，陈小莉申请了3万元扶贫小额信贷资金入股合作社，经过种植技术培训、参与合作社哈密瓜生产活动，陈小莉成为了哈密瓜种植能手，除了每年获得1000元的地租收入外，在村合作社务工年收入约1.8万元，同时还获得1万元产业扶贫奖励，年底还有6900元的入股分红，成功实现了脱贫致富。脱贫后的陈小莉有了积蓄，家里加建了一层楼，还在合作社当选为常务副理事长，参与合作社日常管理，带动贫困户参与村集体经济发展致富。

五、结论与思考

（一）简要结论

和律村发展条件相对较好，但人口众多，人均发展资源不足，贫困发生率比较高。在脱贫攻坚前，和律村与其他贫困村有着类似的特点，即经过以家庭联产承包责任制为核心的农村经济改革，村集体"空壳化"，缺少资源的村级党组织软弱涣散，部分农户因缺少土地、资金、技术、劳力等掉入了贫困陷阱。脱贫攻坚以来，和律村把发展集体经济带动脱贫作为重要举措，在政府等外部力量支持下，通过以党员"分类管理·评分定星"为主要内容的基层党组织建设活动，不断强化党组织的创造力、凝聚力、战斗力。

面貌一新的村级党组织积极发展村合作社为平台的村集体经济。在村党支部的引领下，合作社吸纳优秀党员干部和贫困户参与建设村集体经济。党员干部主导了集体经济发展过程，并以其产业发展能力和合理的分工合作，促进了集体经济快速发展。贫困农户加入合作社后，在集体经济发展的带动下，通过"一地生四金"方式实现了增收脱贫，提升了发展能力。概言之，和律村的脱贫发展经验是以党建为优先任务，以党支部为引领发展合作社集体经济，以"合作社＋村集体＋党员＋贫困户"模式为组织纽带，带动贫困人口参与产业发展，实现发展能力提升和增收脱贫。这一发展模式既有力推动和律村实现高质量脱贫，对于脱贫后巩固拓展脱贫成果和全面推进乡村振兴都具有重要的借鉴意义。

（二）问题与对策

随着农村居民收入水平的提高，传统小农经济模式因其固有缺陷（大市场与小农户的矛盾）很难解决农户持续增收的难题。多年来，农民增收只能依靠外出务工。通过组织化，抱团发展现代农业正在成为未来产业扶贫的主要方向。和律村的实践表明，通过党支部引领发展集体经济是一条带动农户与现代农业衔接并走进市场的可行路径。该路径成功的关键在于实现村集体经济的壮大发展。和律村的经验在通过党建将具有市场经验和产业管理能力的优秀党员干部吸纳到村集体经济发展链条上来，即党支部建在产业链上。通过党员分类管理引导党员发挥先锋模范作用，以入股分红等激励措施激发优秀党员干部的积极性。从效果来看，和律村壮大集体经济规模带动脱贫取得了不错的成效，但带动参与村集体经济的村民数量仍比较少，村内很大一部分农户（包括脱贫户）仍主要依靠外出务工获得收入。在发展集体经济取得成功后，和律村对标乡村振兴尝试以更大规模的"瓜果飘香"产业园为载体扩大集体经济规模，但是产业发展和农民产业收入受到市场价格波动的影响比较大，产业发展的稳定性和农民产业收入的稳定性仍不高。

脱贫攻坚期间和律村探索成功的哈密瓜等产业属于"新产业"（武宣县域内没有发展过该产业）。目前，哈密瓜产业基础仍比较薄弱，产业链条短，产业发展抗风险能力弱。脱贫攻坚结束后，和律村以"瓜果飘香"产业园为载体发展壮大村集体经济，但主要仍是原有产业的规模扩大，并没能有效解决市场风险问题。建议和律村哈密瓜等产业在扩大种植规模的同时，加大推进一二三产业的融合发展，通过产业融合发展延长产业链条，增强产业的市场竞争力和产业收益。具体而言，在全面推进乡村振兴战略的背景下，通过县政府大力扶持发展哈密瓜等特色产业加工业，通过农产品深加工化解产业种植大规模发展后的市场销售风险。另外，借助"瓜果飘香"产业园平台将哈密瓜产业与乡村旅游结合，促进农业与服务业融合发展，扩展特色产业的效益边界和就业容量，使得更多村民能参与到产业发展中来，带动更多的农户实现产业增收。

脱贫攻坚期间，和律村发展哈密瓜等村集体经济产业的目的主要是带动贫困人口脱贫和实现贫困村集体经济收入增长。因而，和律村集体经济的产业参与主要以贫困户和少数经济能人为主，加上产业规模小等，大多数村民并没有参与到村集体经济的产业发展之中。脱贫攻坚完成后，全国进入了巩固拓展脱贫成果和全面推进乡村振兴的新阶段，除脱贫人口外，村庄的其他村民也需要纳入到村集体经济的产业发展之中。针对和律村集体发展存在较少村民参与的问题，建议将脱贫攻坚期针对贫困户的相关政策范围扩大到村庄的全体农户，在推进村集体经济一二三产业融合发展的过程中，村民只要有意愿加入村集体经济的都可以通过土地入股等方式加入哈密瓜等产业之中，并给予相应的政策扶持。同时建立基于能力和贡献的产业收益分配机制，吸引更多有能力的村民参与发展村集体经济。

（本案例执笔人：覃志敏　韦东阳）

2012 年 12 月 29 日、30 日习近平总书记在河北阜平县考察扶贫开发工作时强调："农村基层党组织是党在农村全部工作和战斗力的基础,是贯彻落实党的扶贫开发工作部署的战斗堡垒。抓好党建促扶贫,是贫困地区脱贫致富的重要经验。要把扶贫开发同基层组织建设有机结合起来,抓好以村党组织为核心的村级组织配套建设,把基层党组织建设成为带领乡亲们脱贫致富、维护农村稳定的坚强领导核心,发展经济、改善民生,建设服务型党支部,寓管理于服务之中,真正发挥战斗堡垒作用。"只有不断提升村级党组织的凝聚力、引领能力,才能更好地壮大发展村集体经济,用集体经济的发展来引导带动群众致富奔小康。和律村在脱贫攻坚的过程中,以村级党组织建设作为优先任务,通过以党员"分类管理·评分定星"等基层党组织建设,不断强化党组织的创造力、凝聚力、战斗力。在焕然一新的村级党组织引领下,以村社合作社为平台吸纳优秀党员干部和贫困户参与村集体经济发展。党员干部主导了集体经济发展过程,并以其产业发展能力和合理的分工合作,促进了集体经济快速发展。贫困人口加入集体经济发展,通过"一地生四金"方式实现增收脱贫和发展能力提升。和律村创新实践的以村级基层党组织为引领、以"合作社＋村集体＋党员＋贫困户"为组织纽带的村集体经济发展方式,既实现了村集体经济高质量发展,也有效带动了贫困人口致富脱贫。

（点评人：覃志敏，广西大学公共管理学院讲师）

第五章

岜独村：

培育致富带头人，聚集村庄发展内生动力

岜独村隶属广西壮族自治区上林县西燕镇，距离镇政府所在地 8 公里，距离县城 22 公里，属于"十三五"期间广西区定贫困村，于 2017 年脱贫出列。2019 年 9 月，华中师范大学课题组来到岜独村，对岜独村进行实地调查，在所收集的定量与定性材料的基础上，完成本报告。

一、脱贫攻坚战基期村庄概况

（一）人口与资源情况

　　2015 年，岜独村总人口为 535 户 2187 人，其中常住户数为 415 户，常住人口为 1650 人。全村均为少数民族，其中壮族为 90%、瑶族为 10%。2015 年劳动力总数为 1347 人，其中外出务工时间持续超过半年以上的有 778 人。岜独村位于上林县西北部，全村总面积 8 平方公里，地理位置上属于大石山区，石漠化比较严重。全村耕地总面积 2318 亩，人均耕地面积 1.05 亩，耕地以旱地为主，林地总面积 10080 亩，人均林地面积 4.5 亩。岜独村农民主要种植有玉米、桑蚕、食用菌、甘蔗等农业作物。

表 5-1　2015 年岜独村脱贫攻坚基期人口与资源情况

调查指标	单位	指标值
总户数	户	535
总人口数	人	2187
劳动力人数	人	1347
贫困户数	户	295
贫困人口数	人	1192
低保户数	户	38
低保人口数	人	64
耕地面积	亩	2318
其中：有效灌溉面积	亩	0
林地面积	亩	10080
牧草地面积	亩	0
养殖水面面积	亩	0

（二）基础设施状况

在交通道路方面，岜独村 13 个自然村（村民组）全部通路，且 13 个自然村村主干道路面都经过硬化处理，2015 年已通客运班车。在饮水设施方面，13 个自然村的农民饮用水安全均有保障。在电力基础设施方面，13 个自然村全部通生活用电和生产用电。在通信设施方面，13 个自然村全部通电话（包括手机移动电话），与外部的联络顺畅，13 个自然村全部通有线电视信号，能有效接收外部的资讯。

表 5-2　岜独村脱贫攻坚基期基础设施状况

调查指标	单位	指标值
本村自然村个数	个	13
其中：通公路的自然村个数	个	13
主干道路面经过硬化处理的自然村个数	个	13
通生活用电的自然村个数	个	13
通生产用电的自然村个数	个	13
通电话的自然村个数	个	13
通有线电视信号的自然村个数	个	13
通宽带的自然村个数	个	13
饮用水经过集中净化处理的自然村个数	个	13
实现卫生厕所全覆盖的自然村个数	个	13
本村卫生站（室）数	个	1
村卫生室全科医生数量	人	2
行政村是否通客运班车		是

（三）村民生计状况

岜独村村民的生计渠道包括种养业、乡村旅游、外出务工等。在种植上以玉米等粮食作物为主，发展经济作物包括四季蜜芒、甘蔗等。村庄的主要养殖业包括蛋鸡、肉牛、龟鳖等。在乡村旅游方面，实施了"一山一水一路一园"旅游专项规划，积极打造秀峰公园乡村旅游特色路线。在外出务工方面，全村 57.76% 的劳动力外出务工，留守在村内的劳动力以老年人、妇女为主。2015 年，岜独村有 1 个农民专业合作社，创业致富带头人 0 人，村内企业 0 家，在公益性岗位工作 20 人，村集体经济收入 0 元。

（四）贫困状况

2015 年，岜独村精准识别贫困户 207 户 846 人，贫困发生率达 38.4%。农民人均纯收入是 4831 元，贫困人口的人均纯收入是 3210 元，贫困人口相较全村农民人均纯收入少 1621 元。贫困人口生产经营性净收入为 321 元，工资性收入为 1926 元，转移性收入为 642 元，财产性收入为 321 元，工资性收入是贫困人口最主要的收入来源。在致贫原因方面，缺资金 246 人、占比 19.92%，因病致贫 237 人、占比 19.19%，缺土地 181 人、占比 14.66%，缺技术 158 人、占比 12.79%，自身发展动力不足 141 人、占比 11.42%，因学致贫 113 人、占比 9.15%，缺劳力 89 人、占比 7.21%，因残致贫 63 人、占比 5.10%，因灾致贫 7 人、占比 0.57%。缺资金、缺土地、缺技术是岜独村主要的致贫原因，因病致贫现象比较突出。

二、脱贫攻坚投入与举措

（一）脱贫攻坚的投入情况

脱贫攻坚期间，岜独村累计获得各类扶贫资金 2395.23 万元，其中财政资金 1716.23 万元、占比 71.65%，信贷资金 521 万元、占比 21.75%，社会捐赠资金 158 万元、占比 6.6%。从扶贫投资结构来看，农业产业投入以发展种植业为主，83.74% 的农业发展资金投到种植业，畜牧业产业投入占比 16.26%。而在农产品加工投入上，岜独村没有资金投入，村庄产业链条短，产品价格受市场波动影响较大。基础设施建设投入 195.43 万元，其中村通公路（通屯路、巷道硬化）190.43 万元、占比 97.44%，农村饮水安全工程 5 万元、占比 2.56%。小型农田水利及农村水电设施 0 元。中低田改造、土地开发整理 0 元。村村通电话、互联网覆盖等农村信息化建设 0 元。农网完善及无电地区电力设施建设 0 元，病险水库除险加固 0 元。公共服务设施建设投入了 622.8 万元，其中岜独村小学建设投入 93 万元、占比 25.35%，村卫生室建设投入 0 元，村公共文化服务设施投入 83 万元、占比 13.33%，村内环境美化投入 50 万元、占比 8.03%，村屯立面改造及亮化工程投入 366.8 万元（其中住建局投入资金 230 万元）、占比 58.9%，村屯立面改造及亮化投入占比最大，且资金大部分来自区住建厅（岜独村对口帮扶单位）。在人力资本提升上，脱贫攻坚期间岜独村获得劳动技能培训的贫困人口超过 200 人次，25 户贫困农户获得了公益性岗位。在金融扶贫项目中，脱贫攻坚期间累计向 109 户贫困户发放了扶贫小额信贷资金 521 万元。

（二）脱贫攻坚主要措施

结合岜独村贫困状况和脱贫攻坚资金投入，岜独村脱贫攻坚举措主要集中在基础设施建设、产业发展和激发贫困群众内生动力等方面。

1. 完善基础设施

脱贫攻坚以来，岜独村积极争取各类资源，积极开展村庄基础设施建设。其中通屯路扩建及硬化投入 190.43 万元，人饮工程建设投入 5 万元，各类村内公共服务设施建设投入 173 万元。完成了 3 个自然村外立面改造，新建扩建了 10 条村屯道路并全部硬化，全村饮水安全农户比例达到 100%。危房改造 117 户、易地扶贫搬迁 28 户，全村农户住房条件全部达标。岜独村建设篮球场 3 个，文化室 3 个，农家书屋 1 个，戏台 4 个，13 个自然村全部接通网络宽带，安装太阳能路灯 153 盏。

2. 积极发展村庄特色产业

在对口帮扶单位等外部组织支持下，岜独村结合村庄资源状况积极探索发展四季蜜芒、蛋鸡养殖和肉牛产业等产业，实现了贫困户产业全覆盖。在四季蜜芒产业发展上，成立岜独村生态果园种植专业合作社，建立完善"企业＋合作社＋农户（贫困户）产业"合作方式，带动贫困户参与产业发展。企业负责技术培训、信息提供及产品销售。合作社负责培育和种植四季蜜芒，农户（贫困户）以自己的土地入股参与经营；蛋鸡产业发展采取"企业＋村集体＋贫困户"的生产模式。村里整合村集体经济试点等各类资金400万元投入蛋鸡养殖产业，村集体每年按照投资额的8%获得分红。贫困户利用政策性产业奖补5000元以购买鸡苗形式由企业代养经营管理，除了获得产业分红收益外，贫困户还可以通过在蛋鸡养殖基地务工获得工资性收益；肉牛养殖产业上，支持党员致富带头人李某成立上林县西燕镇高强养殖农民专业合作社，由合作社带动本村54户建档立卡贫困户共同发展肉牛养殖。其中35户贫困户以产业奖补资金（5000元）入股，19户以小额贷款资金（3万—5万元）入股，每年按入股资金的8%收益分红。

3. 发展乡村旅游

2018年岜独村委托广西城乡规划院编制岜独村"一山一水一路一园"乡村旅游规划，建设完成岜独村秀峰公园及康养农庄。以乡村旅游为契机，推动村庄环境建设升级，其中村屯立面改造及亮化投入366.8万元，完成了3个屯的立面改造，人居环境得到改善。

4. 激发脱贫内生动力

岜独村贫困群众思想观念保守，图安稳，脱贫缺乏主动性和积极性，不想办法解决，存在依赖外部力量的思想。为解决贫困群众发展内生动力不足问题，岜独村依托新时代讲习所，组织创业导师、致富带头人等对贫困群众开展培训，增强贫困户发展产业改变贫穷落后现状的信心和决心。同时创新设立"自立扶贫发展协会"和"自立发展账户"，自立扶贫发展协会以建档立卡贫困户所获小额信贷、产业奖补资金为基础，在贫困户获分红后，分红所得直接进入农户自立发展账户，贫困农户在自立扶贫发展协会的指导下将资金投入产业发展。以小额信贷分红为例，每年可获取8%的分红，每名贫困户自立发展账户可获得分红1.2万元。

三、脱贫攻坚主要成效

（一）收入及其构成变化

经过脱贫攻坚，岜独村贫困人口人均收入水平得到显著提高，贫困人口规模持续减少。2015年岜独村建档立卡贫困人口人均纯收入为3210元，2018年增加到4757元，增加了48.19%、年均增长16.06%。2018年全村剩余贫困户4户13人，2020年实现了贫困人口全部脱贫。

从贫困农户收入结构变化来看，2015年岜独村贫困农户生产经营性净收入321元、占比10%，工资性收入1926元、占比60%，转移性收入642元、占比20%，财产性收入321元、占比10%。到了2018年，贫困农户生产经营性净收入713.55元、占比15%，工资性收入3092元、占比65%，转移性收入523.27元、占比11%，财产性收入428.13元、占比9%。2015年和2018年工资性收入均是贫困农户最主要的收入来源，且占比均达六成。但从纵向比较来看，经过脱贫攻坚，贫困农户生产经营性净收入占比提高了 5 个百分点，工资性收入也提高了 5 个百分点，转移性收入下降 9 个百分点，财产性收入下降 1 个百分点。这表明，岜独村贫困农户的生产发展能力得到显著提升，贫困农户脱贫对外部的依赖性进一步降低（转移性收入和财产性收入的比重减少）。

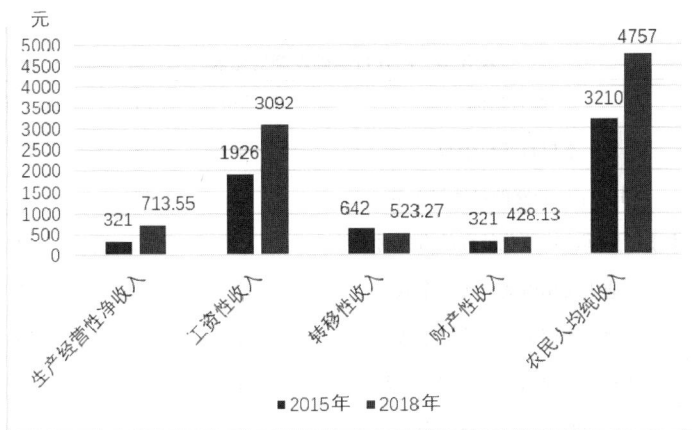

图 5-1　岜独村贫困人口收入情况

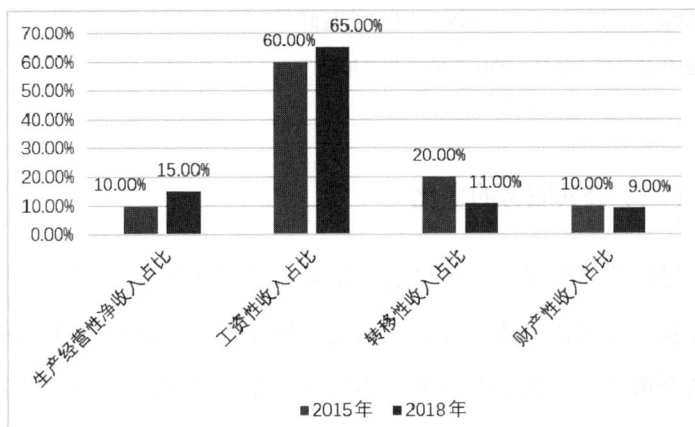

图 5-2　岜独村贫困人口收入结构变化

（二）基础设施的变化

经过脱贫攻坚岜独村的基础设施得到明显改善。交通道路建设水平显著提升，13 个自然村的通组道路全部实现路面硬化。农村信息化水平得到提升，全部自然村实现通宽带，农村信息化建设便利、密切了村民与外部的联系。农户住房条件和饮水设施得到有效改善，脱贫攻坚期间岜独村共实施危房改造 15 户，易地扶贫搬迁 28 户，贫困人口住房安全得到有效保障。

表 5-3　岜独村基础设施变化表

调查指标	单位	2015 年	2018 年
本村自然村个数	个	13	13
其中：通公路的自然村个数	个	13	13
主干道路面经过硬化处理的自然村个数	个	13	13
通生活用电的自然村个数	个	13	13
通生产用电的自然村个数	个	13	13
通有线电视信号的自然村个数	个	13	13
通宽带的自然村个数	个	13	13
饮水不安全贫困户数量	户	0	0
危房改造户总数量（2016—2018 年三年累计数据）	户	15	
易地扶贫搬迁户数量（2016—2018 年三年累计数据）	户	28	

（三）公共服务的变化

经过脱贫攻坚，岜独村公共服务水平显著提升，人居环境不断改善。实现营养改善计划、两免一补等教育扶贫政策对贫困学生的全覆盖。贫困群众全部购买城乡合作医疗保险和大病医疗保险，基本医疗得到有效保障。村级公共文化设施不断完善，建设了村级文化活动室、4个文体活动场所等村级公共服务设施及文化娱乐设施,丰富了农民的文化生活。通过实施改厨、改厕、改圈,村民家庭卫生条件得到有效改善。尽管没有村组实现100%卫生厕所,但超过90%的农户都使用上了卫生厕所。

表5-4 岜独村公共服务信息表

调查指标	单位	指标值
行政村卫生室个数	个	1
行政村卫生室全科医生数量	人	2
贫困户参加合作医疗人数	人	846
贫困户加入大病医疗保险人数	人	846
贫困户购买大病医疗补充保险人数	人	846
是否有文体活动场所/图书室/文化室	个	5

(四)村级治理能力的变化

村级治理能力是脱贫攻坚顺利推进的重要基础,贫困村基层党组织是村级治理的重要载体。加强村级基层党组织建设特别是村两委班子干部能力建设是提升村级治理能力的重要方式。岜独村通过发挥党支部引领作用、大力培育致富带头人等方式不断提升和扩展村级治理能力。一是发挥支部引领作用,促进产业发展。发动全村党员,采取党员"一帮一""多帮一"的结对帮带方式,带动全村农户(包括贫困户)发展四季蜜芒种植业。二是突出党员模范带头作用,培育致富带头人。岜独村实施"把致富带头人中的先进分子培养成党员,把党员培养成致富带头人,把党员致富能人中的优秀分子培养成党组织带头人"工作思路,着力推进"两个带头人互促互转"。三是着力培养听党话、跟党走的队伍。

把提升党员、干部、群众能力素质作为抓党建的一项基础性工程，全方位实施培训。

（五）内生动力及乡风文明的变化

内生动力是实现贫困群众可持续脱贫的重要基础。岜独村在激发贫困户脱贫内生动力方面，首先以党支部引领带动，采取党员"一帮一""多帮一"结对帮带方式，发动全村党员带动贫困户发展四季蜜芒产业，其次培养致富带头人，带动农户脱贫发展，最后再从思想上积极做宣传，依托新时代讲习所，对村民加强培训，增强发展的信心和决心。而岜独村创新设立"自立扶贫发展协会"和"自立发展账户"进一步激发贫困户主观能动性，让"要我脱贫"转变为"我要脱贫"。乡风文明方面，岜独村整合多方资源，提升公共服务水平，村庄有了戏台、文化室，群众精神生活更丰富了。同时村两委以"感动南宁十佳新型农民""母亲的天路"建设者蓝凤秀的典型事迹为重点树立典型，引导村民发扬"愿为儿孙拼老骨，敢向苍山要路开"的精神。

（六）贫困面貌的变化

经过脱贫攻坚，岜独村贫困面貌发生明显变化。水、电、路、网等基础设施短板加快补齐，城乡居民基本医疗保险、大病医疗保险覆盖率逐步提高，义务教育阶段因贫失学辍学问题得到有效解决，农户住房安全得到有效保障，发展了四季蜜芒、蛋鸡养殖等特色优势产业，建立了"一山一水一路一园"旅游路线，打造岜独村田园综合体，贫困人口持续减少，贫困发生率显著下降，并在 2020 年年底顺利实现建档立卡贫困人口全部脱贫。

四、脱贫攻坚的主要经验

（一）以基层党组织为引领提升基层治理能力

随着农村青壮年劳动力外出务工日益普遍，贫困村空心化问题严重，村级基层组织软弱涣散。精准扶贫需要加强村级基层组织建设，以承接日益增加的到村到户扶贫资源，同时准确反映村庄和贫困农户的发展需求。岜独村村级基层组织能力建设经验体现在：一是充分发挥农村基层党组织的领导核心作用和党员干部的模范带头作用，发挥支部党员带头作用，采取党员"一帮一""多帮一"结对帮带方式，党支部发动全村党员，进而带动全村发展产业；二是通过把致富带头人中的先进分子培养成党员，把党员培养成致富带头人，把党员致富能人中的优秀分子培养成党组织带头人，"两个带头人互促互转"以增强基层组织的治理能力和带富能力；三是强抓基层党建，提升党员、干部、群众素质，通过建立农民讲习所，密切党群、干群联系，精准培训种养技术等，着力培养听党话、跟党走的队伍。岜独村基层组织能力建设，通过致富带头人和党组织带头人的互促互转，优化了党员的年龄、文化水平结构，培育了贫困村的治理能人，加强了村庄的治理能力。通过发挥党员的模范带动作用激发贫困群众的内生发展动力。

（二）以致富带头人激发贫困群众内生动力

贫困人口发展能力不足是岜独村重要的致贫原因。形成贫困人口内生发展动力是建立长效脱贫机制的重要内容。而通过致富带头人示范带动是激发贫困群众内生动力，提升贫困群众发展能力的有效途径。村庄致富带头人熟悉村庄资源禀赋状况能够运用其掌握的农业技术和市场经验探索出具有可持续发展前景的新路径，又能凭借其社会关系网络优势与贫困群众建立起信任关系。[①]因而，致富带头人带动是激发贫困群众内生动力和实现贫困群众发展能力提升的重要社会性机制。岜独村以国务院扶贫办粤桂两省（区）贫困村创业致富带头人培训基地——广东九江河清培训基地为依托，推荐、培育并认定了 5 名创业致富带头人，带动贫困户参与发展四季蜜芒、蛋鸡、肉牛等特色产业。致富带头人，脑子灵、思路活、信息畅，通过"传、帮、带"带动贫困户学习掌握种养技术，促进他们依靠自己的双手实现脱贫致富。岜独村的实践经验表明，致富带头人可凭借在村中的威望、资源有效动员贫困户参与产业发展，同时致富带头人凭借其丰富的市场经验，能比较好地选择适合贫困村发展的产业，促进产业可持续发展。

（三）充分发挥驻村干部的内联外引作用

贫困村之所以没能发展起来，主要还是由于本村与外界资源不能及时对接，没能充分满足本村的发展需求。岜独村第一书记由广西住建厅派驻，第一书记在脱贫攻坚中充分发挥了贫困村内源与外援互动的桥梁作用。第一书记进村之后，通过走访农户、与村干部交流，发现岜独村两委班子成员凝聚力不强，难以动员村民实现村庄发展。第一书记对村委会工作进行了合理分配，实施责任负责人机制，确保群众的需求能够及时地得到解决。同时，

---

① 覃志敏、韦东阳：《可持续生计视角下深度贫困村产业扶贫治理——以广西 L 贫困村为例》，《开发研究》2020 年第 4 期。

为做好廉洁工作，完善了资金使用制度，实现资金使用公开、透明，保证村民对村里项目资金的使用状况一目了然。通过村干部落实工作机制和严格执行村务公开制度，岜独村村民对村两委班子信任逐渐增加，班子成员间的凝聚力也逐渐增强。与此同时，第一书记更依托专业优势和所在单位资源，帮助岜独村完成村庄发展规划，并通过广西住建厅对项目投入，支持规划建设顺利进行。另外，第一书记借助其社会网络资源引导企业参与岜独村的四季蜜芒、蛋鸡养殖、肉牛养殖等产业发展，再通过建立"农户抱团，龙头带动，能人引领"的发展方式，实现产业发展带动农户脱贫。

五、结论与思考

（一）简要结论

岜独村自然资源条件差，贫困人口发展能力弱，村庄发展水平低，成为了"十三五"时期的贫困村。脱贫攻坚战打响之后，岜独村在各级党委政府领导下，整合多方资源，以基础设施和产业发展为重点，以基层党组织为引领不断完善基础设施和公共服务设施建设，以驻村干部为桥梁、致富带头人为发展纽带，激发贫困群众内生动力和发展能力，积极发展四季蜜芒、蛋鸡养殖、肉牛养殖等特色产业，促进贫困人口脱贫致富，实现了在2017年脱贫摘帽和2020年建档立卡贫困人口全部脱贫。脱贫攻坚期间，岜独村实现"两个带头人互促互转"，优化了党员队伍的结构，加强了村庄治理能力，形成了村级基层组织能力建设的典型经验；通过致富带头人的"传、帮、带"带动贫困户学习掌握种养技术，有效激发贫困户脱贫内生动力，形成了致富带头人带动贫困村发展的典型经验；同时凭借第一书记、对口帮扶单位等外部力量的支持，岜独村基础设施不断完善，发展了适合村庄资源条件的特色产业，为实现乡村振兴奠定了坚实基础。

（二）问题与对策

岜独村脱贫攻坚取得积极成效。但同时也需要看到，脱贫攻坚期间的相关发展方式，对村庄在长期发展中也会带来一定的影响。一是岜独村产业发展采取了政府投资、企业主导，村民以土地或资金入股的方式，贫困户并没有进入到产业组织链条的核心位置，因而很难在产业发展中掌握核心技术，提升发展能力程度有限；二是尽管岜独村注重激发贫困群众内生动力，但其发展仍主要依赖于第一书记、对口帮扶单位等外部力量扶持，村庄内源性发展能力仍不足，且对外部力量具有较强的依赖性。

2020 年后，我国进入了巩固拓展脱贫成果，全面推进乡村振兴的新阶段。乡村振兴产业兴旺是重点，人才振兴是关键。针对岜独村脱贫攻坚期间相关发展举措对村庄乡村振兴和巩固拓展脱贫成果的影响，提出以下几点建议：一是加强对脱贫户进行农业技术培训，用好用活针对农户个体的"自立发展账户"，支持和鼓励脱贫农户积极参与产业发展，确保脱贫农户进入产业组织链条的核心位置参与产业的经营管理，提升其农业产业管理能力，不断壮大村庄产业人才队伍。二是完善村里致富能人带动村民发展的制度。继续支持村内致富带头人带动发展村庄特色优势产业，在政策资源向致富带头人适度倾斜的同时，督促其在产业发展中带动脱贫户继续发展，确保村内脱贫户能掌握关键农业生产技术，进而实现自主发展产业。三是加大培养本村人才。探索设立村级定向生制度，为定向回村服务的人才提供教育培养经费，鼓励村内在外求学的学子学成之后返回村里工作，提升村级干部的文化素质和村庄治理能力。

（本案例执笔人：覃志敏　黄丽珠　朱秋婷）

案例点评

2017 年 2 月 21 日，习近平总书记在十八届中央政治局第三十九次集体学习时强调："深入推进抓党建促脱贫攻坚工作，选好配强村'两委'班子，培养农村致富带头人，促进乡村本土人才回流，打造一支'不走的扶贫工作队'。"岜独村脱贫攻坚取得显著成效主要得益于两点成功的经验。第一，充分发挥第一书记等驻村干部的外联内引作用。岜独村第一书记到任后在村两委工作中推行责任落实工作机制，确保群众的问题能及时得到解决，做好资金使用公示，使村民能了解各类项目资金使用的状况，村民对村两委的信任增加，村级党组织的凝聚力增强。另外，第一书记借助社会网络为岜独村引入了各类发展资源，探索实施四季蜜芒、蛋鸡养殖、肉牛养殖等多个特色产业，为贫困人口脱贫提供了产业基础。第二，充分发挥致富带头人的纽带作用。岜独村把党员培养成致富带头人，把致富能人中的优秀分子培养成党组织带头人，实现"两个带头人互促互转"。通过致富带头人的"传、帮、带"带动贫困户学习掌握种养技术，激发贫困农户脱贫内生动力。如岜独村以国务院扶贫办粤桂两省（区）贫困村创业致富带头人培训基地——广东九江河清培训基地为依托，推荐、培育并认定 5 名创业致富带头人，由致富带头人带领贫困农户发展四季蜜芒、蛋鸡、肉牛等特色产业。致富带头人，脑子灵、思路活、信息畅，带动贫困农户学习掌握种养技术和勤劳致富。

（点评人：覃志敏，广西大学公共管理学院讲师）

后 记

2020 年，我国脱贫攻坚目标任务全面完成，中华民族将彻底摆脱绝对贫困，实现全面小康的千年梦想！回首来看，中国脱贫攻坚伟大实践收获的累累硕果以及奋进征程中凝结的鲜血和汗水，展现的智慧和勇毅，为人类减贫历史谱写出新的篇章，无疑值得我们深入总结和长久铭记。

为了客观记录脱贫攻坚历程、总结脱贫攻坚经验，2019 年 6 月底，国务院扶贫办 (现 "国家乡村振兴局") 全国扶贫宣传教育中心经招投标程序，遴选华中师范大学承担 "西南区域县、村脱贫攻坚经验总结" 项目，组织开展广西、重庆、四川、贵州、云南、西藏等 6 省 (自治区、直辖市) 中 9 个县、33 个村脱贫攻坚的经验总结。项目组组长为陆汉文教授、副组长为江立华教授、蔡志海副教授。本书为 "西南区域县、村脱贫攻坚经验总结" 项目系列成果之一，系广西自治区 5 个脱贫村的经验总结成果的汇编。这 5 个脱贫村的经验总结工作由蔡志海具体负责，由从事城乡社会发展研究以及多次参与精准扶贫评估调研的专家和博士、硕士研究生组成调研小组。他们奔赴各村开展实地调研和资料收集。各部分撰写人分别为：前言：蔡志海；道念村：王韶睿、刘飞；浩坤村：胡汀洋、刘飞；五福村：程秀萍、刘飞；和律村：覃志敏、韦东阳；岜独村：覃志敏、朱秋婷、黄丽珠。

由于实地调查是在 2019 年年底完成的，为了真实反映调查结束后一年多来当地发生的变化。书稿出版前，调研组通过多种方式与当地进行沟通、了解，以案例点评的形式反映其新发展、新面貌。

定稿成书过程中，陆汉文组织召开了 2 次内部改稿会和 1 次外部审稿会，全国扶贫宣传教育中心组织开展了专家评审，蔡志海最终审稿定稿。

报告的撰写得到了国务院扶贫办全国扶贫宣传教育中心的精心指导和帮助。时任全国扶贫宣传教育中心主任、现任中国扶贫发展中心主任黄承伟研究员和全国扶贫宣传教育中心副主任骆艾荣、副处长阎艳为项目完成付出了大量心血。广西壮族自治区扶贫办及天等县、凌云县、天峨县、武宣县、上林县扶贫办为课题调查提供了便利，5 个村的村干部和帮扶干部协助调查人员开展入户调查、项目考察。中国文联出版社大力支持书稿出版，责任编辑许可爽认真负责，帮助订正了书稿中存在的谬误。借本书出版之机，谨向这些机构和个人致以诚挚感谢！

因能力所限，书中可能仍然存在错讹之处，敬请读者方家批评指正。

"西南区域县、村脱贫攻坚经验总结"项目广西自治区课题组